Proud Tower Nagoya
Hisaya Oodoori Kouen

URBANNET NAGOYA nexta
BUILDING

Renewal Of NAGOYA TV TOWER
(Chubu Electric Power MIRAI TOWER)

Nikken Sekkei
Nagoya Office

● ● Nikken Sekkei Project

0 ____ 100m

N

CONTENTS

NEW WORK-STYLING
新しい働き方を生み出す

ANCHORING
地域に根付く

SUSTAINING
持続可能な社会を目指す

鼎談｜久屋大通公園の過去・現在・未来

涌井史郎 東京都市大学 環境学部特別教授
×
山本秀樹 日建設計 執行役員名古屋代表
×
若林 亮 日建設計 フェロー役員 デザインフェロー

名古屋に抱く二つの危機感

山本｜これまでこの別冊では、名古屋の都心部のまちづくりにスポットを当てて、名古屋の財界の方などにお話を伺ってまいりました。その中では、名古屋駅周辺はビルがどんどん建っていますが、名古屋駅(以下：名駅)だけだとリトルトーキョーになってしまうので、名古屋らしさを発揮するにはやはり栄が元気でないと、等の熱い思いを皆さん語ってくださいました。

昨年ようやく当社が長く取り組んできた久屋大通公園(北エリア・テレビ塔エリア)整備運営事業(Park-PFI事業)とテレビ塔の全体改修工事が完成しましたので、このタイミングでぜひ栄にスポットを当てて鼎談が出来ればと思い、今回はこの辺りにいちばん関わっておられる涌井先生にお願いをさせていただきました。当社は若林が久屋大通公園の南側部分の設計に約30年前に関わっていたこともあり、また戦後ずっと久屋大通沿いのこの場所にオフィスを構えていますので、久屋大通の沿道住民という気持ちも含めて、久屋大通の過去・現在、そしてぜひ未来のお話を3人でさせていただければと思います。涌井先生は、愛・地球博のときからこの地域にはいろいろな形で関わられておられますので、この久屋大通に限らず、ぜひこの地域のまちづくりやデザインのようなところにもご意見やコメントをいただければと希望しているところです。

では、まず過去ということで、昔の印象はどうでしょうか。久屋大通は戦後の復興で、効率的な都市計画、防災面での都市計画の先駆けとしてできた100メートル道路ですけれども。

涌井｜私は、名古屋に通うようになってから名古屋のまちをずっと見てきて、その将来に思いを巡らせるうちに、二つの危機感を持つようになりました。

戦後、日本中の都市が復興計画を立てる中で、防災の観点から100メートル道路が何本も計画されましたが、実現したのは広島の1本と名古屋の2本、この3本だけです。同時に50メートル道路についてもこれほどしっかり整備が行われたのは名古屋しかありません。しかも名古屋は復興への取り掛かりが早かったこともあり、他の都市の戦災復興計画がほとんど頓挫する中、唯一、戦災復興計画をそのまま実現しました。したがって、当時は最先端の都市だったのですが、しかし時代が進めば先端というのは危なくて、イノベーションが起きませんから、気がつくといちばん後ろ側になってしまう危険性があるわけです。名古屋は100メートル道路2本、50メートル道路9本といった素晴らしい区画整理が幸いして、自動車を中心にモビリティを前面に押し出した産業の日本の牽引車になったことは間違いありません。しかし、それに甘んじていて本当にいいのか。産業革命の最後の部分を都市に表現したのが名古屋だという話になってくると、結果としては次のうねりというか文明に乗り遅れるのではないか、というのが一つめの危機感です。

二つめは、名古屋というのは非常に脆弱な都市だということですね。たとえば名古屋駅は、大阪の梅田にも引けを取らないような脆弱な防災上の位置にあります。もし、あそこだけに力点を置いて開発すると、名古屋はリニア新幹線によって東京の衛星都市になる可能性が強い上に、災害のときには甚大な被害を受ける可能性が高い。それはハザードマップを見ても分かる通りです。ましてや高電圧のリニアが地下に入ってきて、そこに仮に水が流れ込んだ場合にはどうするのか。あそこに投資を集中することは、名古屋の終末を意味するでしょう。

涌井 史郎｜わくい・しろう

造園家
東京農業大学農学部造園学科卒業

現在、東京都市大学特別教授、愛知学院大学経済学部特任教授、東京農業大学客員教授、中部大学客員教授、岐阜県立森林アカデミー学長、なごや環境大学学長などを務めている。
多摩田園都市・二子玉川ライズ、ハウステンボスなどのランドスケープ計画、首都高速高橋ジャンクション等、数多く作品を残す。また、「首都高速道路構造物の大規模更新のあり方に関する検討会」委員長も経験した。
受賞として、日本造園学会賞、土木学会賞など。

成長と成熟─両極を持つジェミニタウン

涌井｜これから来るであろう新しい文明では、おそらくNBS＝Nature Based Solution、つまり社会的な課題を自然によって解決していくこと、自然共生という哲学が牽引車になるだろうと私は思っています。世界的にもポストコロナの再生策として、グリーンリカバリーといった言葉が言われています。

世界史を見ても、パンデミックの後に文明が転換しているわけですね。たとえば、ペストの蔓延後にキリスト教会への疑問からヘレニズムに帰ろうということでルネッサンスが起きて、中世が終わって近世になり、その近世が近代に変わったのは、コレラが蔓延して、農民から工業労働者になった人々の貧民窟を直撃し、働き手がいなくなるという状況が来て、公衆衛生というものを前提にした都市計画が初めて生まれたのが大きなきっかけです。

このCOVID-19も75億の地球人民が同じ経験をしているわけですから、新しい文明が起きるに決まっている。そのテーマは言うまでもなく持続性です。そうすると、名古屋にはすごくチャンスがあるということに気が付きました。名古屋駅は成長の象徴でいいだろう、しかし、この久屋大通を中心とした栄エリアには成熟型の都市がつくれるのではないか、ということです。名駅型の都市というのは、幸福＝「物的欲求」分の「物的充足度」という信仰から成り立っています。つまり成長が欲しいものを買える経済をもたらす。これは必要です。しかし、これからDX、デジタルトランスフォーメーションの時代が来ると、おそらく人間のテクノストレスが増える。そうすると、スローでアナログでこれまでとは別の幸福感、幸福＝「自己実現欲求」分の「時間充足度」が感じられるまち、つまり自分らしく人生の時間を過ごせるまちが求められるようになるでしょう。日本全国を見渡しても、ほとんどの都市ではそういうまちをつくれない。でも、名古屋はつくれそうだなと。それが久屋大通を中心としたエリアなのです。そうすると、私はジェミニタウンと言っているのですが、成長と成熟と両方のベクトルを持った双子の兄弟のようなまちが名古屋に出来るのです。しかも、できれば大須も入れて、ぐるっと回遊出来るようにする。そうなれば、いざ何かがあったときにはリダンダンシーを発揮して、名駅がやられても栄に暮らしの重点があって、最低限の暮らしが担保できるわけです。

山本｜名駅はとにかくスピード感があって便利。しかし、DXが進んで移動というものがマストではなくなったときに、このスピードがあまり価値を持たないかもしれませんね。歴史的にも栄のエリアは、清洲から日本初の防災事前復興移転をした場所です。電気やガスなどのインフラ、役所など全部が熱田台地の上に乗っているので、仮に名駅のビジネス街がやられても名古屋のまち全体の活動は止まらない。そのことを価値にして、名古屋はハイブリッドで発展していくべきだとよく言われます。今のお話とまったく同じ印象ですね。

久屋大通を幹に個性ある地区をつなぐ

若林｜久屋大通公園は今も空が広いですよね。それが超高層ビルが密集する名駅には無いことだと思うんです。そして緑もある。しかし一方で、100メートル道路というその広さ、公園を挟む大通りの向こうに渡ることがヒューマンなスケールを超えていて、その距離が見えない壁になっている、そこをどう解決するかというのが難しいまちだなと思います。

涌井｜それはそうなのですが、いままではA点とB点とC点をどう直線的に、迅速に、効率よくつなぐかというのが都市計画の根幹だったと思うんです、物流にしても人流にしても。しかしこれからは、中心の種のところに果肉が集まるというリンゴのような都市構造ではなく、ブドウのような都市構造になる可能性が高いと思います。それぞれの地区がそれぞれの個性を持って、それが集合化していく。ただし、そこにいろんなネットワークがつながっていて、それにブドウがぶら下がっている。そういう都市形成の方向に行くのではないか。ですから、都市をある種のマイクログリッドの集合体だと考えたときに、久屋大通は南北の直線ですけれども、これをどれだけ東西の方向へクロスオーバーさせていけるか、ということだと思います。

若林｜南北に延びる久屋大通りを幹に東西のまちに房が伸びていくようにですね。

涌井｜そうです。そういうメタボリックな構造にどうしたらできるか、と考えていけば、栄は大きな都市計画上のリソースになると思います。

若林｜直線的に、迅速に、効率よくでない時代になれば、確かにそうですね。その時代には久屋大通という幹は大きな財産だと思います。

涌井｜そういうモデルにシフトしていくと、名古屋が第二の先端になれる可能性が高いのではないか、というのが先ほどの議論の続きです。久屋大通公園の北側（北エリア・テレビ塔エリア）のPark-PFI事業では、建物が道路側に背中を見せてしまったのはちょっと残念でしたが、何といっても、都市は楽しいんだということを市民自身が自分で実験して実践したのがよかったですね。コロナ禍の最中に、公園で貸し出されるテントを芝生広場に持ち出して、その中で一所懸命仕事している人がいたり。そういう姿が結構見られましたよね。

若林｜私も、久屋大通公園北端の外堀まで、あんなに多くの人が行くものかとびっくりしました。

涌井｜そうですよね。新しいライフスタイルを実践することに成功しました。

次は南エリアの課題ですが、久屋大通というウォーカブルな名古屋の大回遊ルートのうち、その場所である一定の時間を滞留して楽しく過ごすというのは北側のエリアだと思うんです。南の沿道は商業が中心になっていますので、これを生かすべきでしょう。そうすると、私は劇場型の都市がそこに出来るべきだと思います。つまり、北が静かに休むところだとすると、南は常に祭りが起きていると。モノを買うのではなくてコトを買う。モノを直接目的的に買うのではなくて、こんなことをしてみたいからこの商品があった方が便利だよね、というアプローチの仕方を実践できるような場所にする。しかもワクワクドキドキするという、そういうまちが南エリアにできるといいなと思っています。これは、それぞれの個店が競争するのではなく、コト消費という新しい商機を見出すところに共通認識を持っていただいて、そこに向かってそれぞれの利害を乗り越えた新たなまちをどうつくるか、ということが重要な課題だと思っています。

若林｜私は新人の頃に、久屋大通公園南エリアの設計コンペを担当して当選しました。当選後、いざやり始めたら難しかったのが、商業の賑わいを組み入れることでした。唯一出来たのは南端のモニュメントの下、地下の小さな喫茶店だけで。土日はイベントでとても賑わうのですが、平日はそういう商業の仕掛けが無いので誰も寄って来ません。

一方で、南エリアの久屋大通沿いにはパルコ、松坂屋、三越と百貨店

が建ち並んでいますが、実はこうした大きな商店がまちに対して大きな壁を作っていると私は思っているんです。あの箱の中の賑わいが外に出てくるようなことをやらないといけないですよね。

涌井｜まさにそうです。東西に風穴を開けて滲み出す力、そのことによって全体の消費の総量がいかに上がっていくのかという戦略を立てるべきです。

若林｜百貨店街を挟んで久屋大通と反対側に大津通がありますが、大津通は商業的には賑やかな通りですよね。

山本｜大津通とその西側はヒューマンスケールなまちですね。

若林｜あそこは若い人たちで賑わっていますから、その流れをうまく久屋大通側にも引き戻すといいますか、そういうことをやりたいですよね。やはり設計を担当した久屋大通と大津通に挟まれて建つラシックでは、二つの通りを結ぶモールや箱の中の賑わいがまちに伝わるように工夫をしたつもりです。

山本｜いまでも松坂屋の裏の方、栄ミナミと言われているところは多くの人々が回遊しています。地下街もないんですが、個性的なお店や飲食店がいっぱいあって。しかしそれが大須まで、どうしても100メートル道路に阻まれてつながらない。

涌井｜何とか大須までつないでいきたいですね。大須は伝統的なコト消費というふうに、上手に住み分けたらいいのではないでしょうか。

山本｜栄の南側がそうやってうまくいくようになると、今度は北側がまた変わるでしょう。このまちの北側と南側はいろんな意味で綱引きというか、これまでもお互いに影響しあって変化してきましたからね。

涌井｜ここにある有機的な存在が化学反応を起こしてまちがどんどん変わっていく、そういう魅力が生まれるといいな、というのが私の気持ちです。北は長さを強調してもいいと思いますが、南は逆に串団子のようになるといいですね。ライフスタイルのクラスターができて、それがたまたま久屋大通という串でつながっている。そしてそれぞれに独特なイベントが行われていて、劇場型の都市が出来上がっていると。

若林｜久屋大通のあちらこちらに劇場があるようなイメージですね。

涌井｜そうです。ここへ行くと違うね、という団子がたくさんあるわけです。

山本｜それが東西にも滲み出していくといいわけですよね。その前にまず久屋大通公園が、その団子の串になっていかなければなりませんね。

若林　亮｜わかばやし・まこと

1961年 生まれ
1985年 豊橋技術科学大学建設工学専攻修了
1985年 日建設計入社
2015年 執行役員設計部門代表
2019年 執行役員設計部門プリンシパル
2022年 フェロー役員 デザインフェロー

設計経歴として、久屋大通公園「光」「風」「水」の広場（1989〜1994年）、ラシック（2005年）、モード学園スパイラルタワーズ（2008年）、名古屋テレビ塔リニューアル（2020年）など。受賞として、BCS賞、日本建築家協会環境建築賞、同優秀建築選、公共建築賞建設大臣表彰、愛知まちなみ建築大賞ほか。

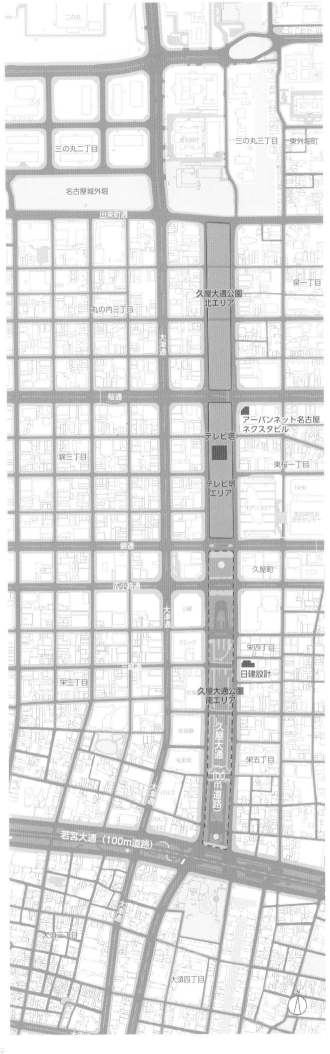

0   100m

久屋大通り周辺

山本｜われわれは都市プランナー、アーキテクトの会社なのですが、気持ちとしては久屋大通沿道の住人、地元という意識が強くあります。いま私達が鼎談している場所は当社名古屋オフィス9階の模型サロンSakae-BA400です。以前は名駅ばかり開発が進んで栄地区は議論さえ起らない時期が長く、そのときに、市の方も民間企業の方も学者の先生方も色々な方が集まって、栄のまちづくりについて一緒に考えられるサロンのような場所を作ったらどうだろうと、5年前にこの栄の模型を作りました。あえて名古屋駅の模型を作っていないのは、そういう意味があるのです。そうしたら実際いろんな方が来てくださいました。たとえば、自動運転社会が来たときに久屋大通はどうなるのかと、自動車メーカーの方が来られて、新しいまちづくりについて一緒に考えるきっかけになったりもしました。こういう流れを絶やさないようにしながら、地元意識を持ってやっていけたらいいなと思っています。

涌井｜私もそう思います。デザインのお話をしますと、これからのデザインの潮流は、バイオフィリックデザインになる可能性が高いだろうと思います。DXが広まってくると、便利だし合理性が高いですから、すごい勢いでそちらへ振れます。ところが振れれば振れるほど、リアリズムから遠のくわけです。それから、人間が包摂的な一つの有機体から部分に分けられてしまう。ここに、先ほど申し上げたように、大きなテクノストレスが起きます。すると逆方向に振り戻しが来るはずなんです。どういうことかと言うと、われわれ人間は生き物であり、デジタルな構造ではなくてシークエンスでアナログな構造だと、そういう方向に戻るわけです。これがバイオフィリックデザインの領域です。そうすると、まちもそうだし、ものの形も多分そうなっていくでしょう。いままでわれわれが美しいと思っていたのは、ジェット戦闘機のような削ぎ落としのデザインだったのが、逆にごつごつしたとかフラクタルな形の方が何となく心が落ち

着くと。もうその兆候は表れていて、GAFA系の企業が次々とヘッドクォーターをつくっていますけれども、FacebookにしてもAmazonやAppleにしても、みんな植物園ではないかと思うようなオフィスになっているわけです。そういう、生き物としての人間を忘れないようにしようということがとても大事なのです。では、名駅がバイオフィリックなデザインでもいいのかというと、ちょっとそれは違うかなと。名駅は徹底した削ぎ落としのデザインで、栄がバイオフィリックなデザインになると、先ほど申し上げたように、両極が整う都市になる。それができる都市は日本にそれほど無いんですよ。

若林｜バイオフィリックデザインにつながることかもしれませんが、環境建築を考えるときには日射を遮る深い庇や御簾のようなルーバーが外装に表れたりして、そぎ落とされた建築が改めて凹凸のあるデザインへと変化しているように思います。

涌井｜そういう面で言うともう一つ、名古屋には、日本に2か所しかない都市計画運河があります。富山県はそれを見事に富岩運河環水公園に再生したでしょう。わが方は、中川運河という大変な資産がありながら、この水を生かしていない。名古屋の次の課題はそこですね。

山本｜実は今年5月に、中川運河に注目しているグループが「世界運河会議」というイベントを開催しました。まさに近代の産業をつくったあの場所を、どうやって現代の都市の価値にしていくかというテーマでした。コロナ禍のためにすべてウェブでやらざるを得ませんでしたが、富山県で富岩運河環水公園を担当された方や海外からもオランダの運河に詳しい方など、都市の水辺に関わる国内外のいろいろな方をパネラーに呼び、私も少しだけお話しさせていただきました。このように息吹が今出始めています。

涌井｜いいですね。中川運河がもう一つの名古屋の隠れた遺産ですね。

名古屋オフィス9階　模型サロン Sakae-BA400

中川運河

山本 秀樹｜やまもと・ひでき

1964年 生まれ
1989年 九州大学大学院工学研究科建築学専攻修了
2000年 日建設計入社
2009年 プロジェクトマネジメント室長
2010年 企画開発室長（以降、名古屋）
2012年 企画開発部長
2018年 執行役員名古屋代表

担当経歴は、飯田町アイガーデンエア（2003年）、
ミッドランドスクエア（2007年）、東京スカイツリー
（2012年）、栄地区グランドビジョン（2013年）、
名古屋駅周辺地区まちづくり構想（2014年）、久
屋大通公園（北エリア・テレビ塔エリア）整備運営
事業（2020年）など。

有機的な結合としての建築物

涌井｜私はわれわれの社会は、サーキュラーエコノミーとかシェアリングエコノミーという方向に変わっていくはずで、それと同時にオフィスですらノマド化するのではないかと思います。1か所に集中して仕事するのではなく、多極分散になる。しかし、そこで大事なのは、扇の要のようにヘッドクォーター機能だけはきちっと用意することです。それからパブリックとセミパブリック、そして極秘の部分という三つぐらいのカテゴリーでオフィスを考えること。まちとも呼吸するし、社員同士も呼吸する、同時にここは絶対に公開しないという部分がある。それが共存するようなオフィスになっていく可能性が高いと思うのですが、いかがですか。

山本｜まさに私どもの会社も、次の時代に向けての進化の中で、もうすべてを一つの事務所でやる時代でもないですし、仕事の面でも外とのコラボレーションが増えているので、自社のオフィスの一部に外部に開放するようなスペースを検討しています。2004年に私どもの東京の本社を新築した際には1階を地域に開放しようとギャラリーを作りましたが、それをもう一段階発展させるようなことですね。

涌井｜工学的なメタボリズムみたいなものが一時期、コルビュジエ含めて一世を風靡しました。おそらくこれからは、生物化学的なメタボリズムが出てくるのではないかと思います。たとえば木は、1か所がダメージを受けても全体は死にません。全体が成長しているとその傷口がだんだん埋まっていって、ほかが補完していく。移動出来ないがゆえに定住者の知恵というのがあるのです。オフィスなり商業施設なり、建築物というのは、ひょっとするとそういう有機的な結合になっていく可能性が高いのかなと。つまり屋台のような仮設型の店舗。ワンブロックが大きなシェルターに覆われていて、その中がどんどん入れ替わっていくような、そういう構図はありなのかなと思います。

若林｜オフィスにしても商業にしても、用途を含めて中がフレキシブルにいろいろ変わり、生き延びていくということですよね。

涌井｜これからの都市は、中身がどんどん変わっていく市場みたいなものになるんでしょうね。

山本｜名古屋のまちは、そういう意味では古典的な区画整理のまちですから、そこをどういままで議論してきたようなまちに変えていくのかという点では、少しハード面でも工夫がいるような気がします。

涌井｜私は、参考になるのは、バルセロナの新しい都市的な胎動だと思っています。あそこはご存じの通り、スーパーブロックといってワンブロックで固めていますね。そこを一つのクラスターにして、それぞれの地区がまったく違う個性を持つようにしようと、あえてそういう方向づけをしているのです。名古屋にはその可能性があります。

個性と共通解

涌井｜日建設計という会社は、長くお付き合いしてきて、先ほどの屋台とよく似ているなと思っているんですよ（笑）。それぞれの個性をもった個店がたくさんあり、日建設計という神社があって、紋所だけはちゃんとつながっている。会社そのものはそういうホロン的な構造になっているので、まちもぜひ、そうしてください。

若林｜日建設計には、「不易流行」という守るべきところ（行動規範）があって、そこを大事にしながら、しかし同時に個性も伸ばしていくというところが確かにありますね。

山本｜そして、その個性の強い人たちを社内でつなぐマネジメント能力が求められると感じています。けれどそれは結局、外部の刺激的なアーキテクトやデザイナーとコラボレーションするときにも役に立つものだと思います。

涌井｜そうしたダイバーシティ、多様性というのはトレランス（寛容さ）がないとつないでいけないですよね。ですから寛容力がどのぐらい組織のトップにあるかということですね。あとは日建設計としての共通解をどうやって見出すかということです。

山本｜そうですね、ここだけは日建設計だという共通のものが必要ですね。今日は本当に刺激的なお話をありがとうございました。

若林｜いろいろなお話を伺えて楽しかったです。

涌井｜こちらこそ。久屋大通もこれから正念場なので、日建設計さんにもぜひ力を尽くしていただきたいと思います

山本｜はい、頑張ります。

(2021年7月20日：日建設計・名古屋オフィス9階にてコロナウイルス感染対策を施し開催)

国内最大級の公園再生プロジェクト

久屋大通公園（北エリア・テレビ塔エリア）整備運営事業
Hisaya-odori Park

建築主	三井不動産株式会社
所在地	名古屋市中区錦 他
共同設計	大成建設
施工	大成建設

本計画は、名古屋市が策定した「栄グランドビジョン」に基づき、Park-PFI制度を活用して久屋大通公園および周辺のエリアの活性化を目指した5haを超える大規模公園再生プロジェクトです。ランドスケープの計画においては、名古屋城から新堀川を経て名古屋港にいたる水と緑のネットワークを意識した、三つの「グリーンインフラ」の創出をコンセプトとして掲げました。

一つ目は「都心の環境インフラ」です。広域生態ネットワークの一部を形づくる久屋大通パークは、既存のポテンシャルを十分に継承するとともに、更なる生物多様性拡充に寄与する環境インフラとして整備を行いました。

二つ目は「交流のインフラ」です。全長1kmにわたる公園内は、南北軸に明快なビスタラインを形成する空間構成により、どこにいてもテレビ塔を感じられる風景を創出しました。ビスタライン上には、目的性の違う「五つのヒロバ」と「一つの大きなテラス」を構成することで、多様なアクティビティが展開する豊かなパークライフの実現を目指しました。

三つ目が「防災・減災のインフラ」です。広域避難場所に位置付けられている公園を常に身近に感じることが減災へとつながるステップアップだと考え、従来の閉鎖的な公園から街に開かれた公園とすることで、栄の街のレジリエンス向上に貢献する公園を目指しました。

（西 大輔+小嶋咲紀）

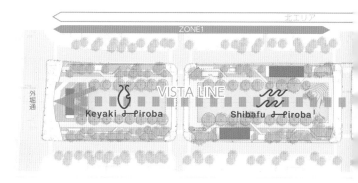

ランドスケープ | 西 大輔・小嶋咲紀・吉川真由香・杉山茂樹

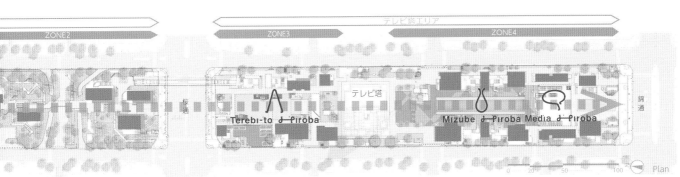

1｜ディスティネーションとしてのミズベヒロバ
2｜テレビ塔を中心としたシンボリックなビスタラインの景観軸を形成

1
2

1｜テレビ塔を背景にナイトシアターを楽しむことができるテレビトーヒロバ
2｜貸出ハンモックでくつろぐ風景
3｜テレビ塔を背景にイベントを楽しむ風景
4｜多世代が多目的に活用できる既存樹木のケヤキ並木に囲まれたシバフヒロバ
5｜テレビ塔から南側を眺めた風景
6｜北エリア Before and After

1		4	
2	3		
5		6	

名古屋のシンボルと
久屋大通公園のビスタを守る

名古屋テレビ塔(中部電力MIRAI TOWER)リニューアル
Renewal Of NAGOYA TV TOWER (Chubu Electric Power MIRAI TOWER)

建築主	名古屋テレビ塔株式会社
所在地	名古屋市中区錦
MD・デザイン監修	デザインクラブ EMW
施工	竹中工務店

1954年、日本初の集約テレビ電波鉄塔として建設された名古屋テレビ塔。戦災復興時の建設は、日々、天へ伸びる鉄塔が市民を勇気づけ、今も名古屋のシンボルとして市民に愛され続けています。

しかし、近年のデジタル放送化により電波鉄塔としての役割を終え、観光・商業の魅力を持つ新たなテレビ塔としてリニューアルされることになりました。一方で、大地震時に大きな損傷が懸念されることから耐震化が必須であり、鉄塔本体への耐震補強部材の溶接が困難なことから、鉄塔では日本初の「地中免震によるレトロフィット」を行うことになりました。建設当時の塔のシルエットを守ること、久屋大通公園の南北に抜けるビスタを守ることをテーマとして、これを経済的に実現するために柱脚部にのみ免震ピットを設け、基礎中段を解体後、4,000tの塔体をジャッキアップして免震装置を組み込み、基礎と切り離された柱脚が塔体の自重で外に広がらないよう4本の柱脚をタイバーで拘束するようにしました。避難階段とエレベーターは別棟で塔西に集約して塔体とは別の異なるデザインとし、内部のショップやレストラン、ホテルは、塔体鉄骨を室内に表すコンバージョンがなされています。再整備された公園もテレビ塔を活かすランドスケープがなされ、新たな名古屋のシンボル、ミライ・タワーとして生まれ変わります。 　　　　　　　　　(石森秀一)

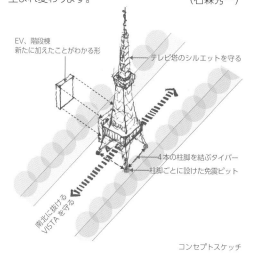

EV、階段棟
新たに加えたことがわかる形

テレビ塔のシルエットを守る

4本の柱脚を結ぶタイバー

柱脚ごとに設けた免震ピット

南北に抜ける VISTA を守る

コンセプトスケッチ

1｜上空より
2｜テレビ塔の足元、南北に抜けた空間
　　右手が塔上部に至るエントランスとレストラン
3｜テレビ塔と同時期に整備された水盤に映し出される
　　「さかさテレビ塔」

1	
2	3

意匠	石森秀一
構造	木村征也・榊原啓太
都市計画	青木優典

免震装置が設けられた柱脚部とタイバーピット
柱脚部にはベンチとして市民が憩う

塔の姿を変えない免震化の施工

施工上の課題は、既存の基礎梁にかかるスラスト力を新設のタイバーに移行するプロセスであった。

塔の総重量は地下躯体を除いて約4,000tあり、塔全体が裾広がりの形状をしているため、塔脚と梁には常に外側に開くスラスト力がかかっている。

最初に広場上部のアーチ下面を炭素繊維シートで補強してから、基礎まわりの掘削を行い、既存基礎の上部を撤去して、基礎内にあった鉄骨にタイバー端部を接合し、タイバー中央の張力制御装置に接続した。

続けて、塔脚まわりに新たな基礎を構築し、タイバーに4,000tの初期張力を加えた後、塔脚間約35mのスパンのつり合いがとれたことを確認してから、ジャッキアップして塔を仮受けし、免震デバイスを入れ、最後に既存基礎梁の切断を行った。

免震デバイスは積層ゴム、直動転がり支承、耐風ストッパー、オイルダンパーの4種類を用いている。

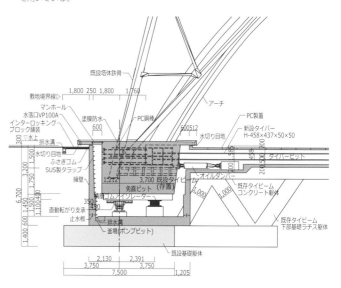

ジャッキアップして塔を仮受けした状態
（下図③）

既存基礎の上部を撤去して、基礎内にあった
鉄骨にタイバー端部を接合した状況（下図①）

現状

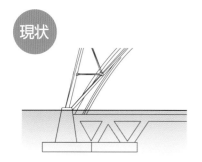

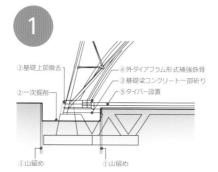

① 既存基礎廻りに山留めを構築
② 新基礎下端レベルまで一次掘削
③ 既存基礎上部および基礎梁端部コンクリートの一部を撤去
　　（一次解体）
④ 既存塔脚鉄骨に外ダイアフラム形式の接合部材を設置
⑤ タイバーを設置

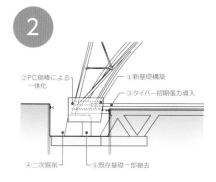

① 既存基礎上部に新基礎を構築
② PC鋼棒により既存塔脚鉄骨と新設コンクリート基礎を一体化
③ 張力制御装置によりタイバーに初期張力を導入
④ 既存基礎底盤上端レベルまで二次掘削
⑤ 既存基礎下部のジャッキ設置部を先行撤去

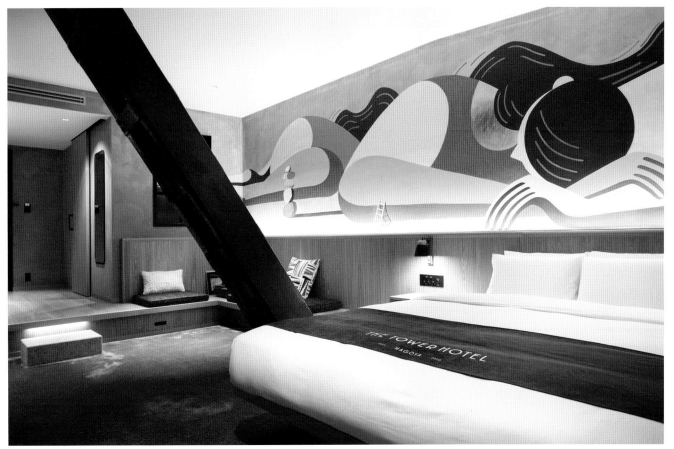

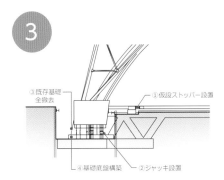

③
- ③既存基礎全撤去
- ①仮設ストッパー設置
- ④基礎底盤構築
- ②ジャッキ設置

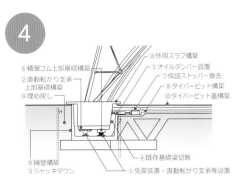

④
- ⑩外周スラブ構築
- ⑥積層ゴム上部基礎構築
- ⑤オイルダンパー設置
- ②直動転がり支承上部基礎構築
- ⑦仮設ストッパー撤去
- ⑨埋め戻し
- ⑧タイバーピット構築
- ⑩タイバーピット蓋構築
- ⑧擁壁構築
- ④既存基礎梁端部を切断
- ③ジャッキダウン
- ①免震装置・直動転がり支承等設置

	1	
2		3

1 | 塔の構造鉄骨を表すホテル客室
2 | ホテルのギャラリー
3 | 塔内の展望用エレベーターホール

① 仮設ストッパーを設置
② ジャッキを設置 (4本)、ジャッキアップ
③ 既存基礎下部を全撤去 (二次解体)
④ 新基礎底盤を構築

① 免震装置 (直動転がり支承・積層ゴム)・耐風ストッパーを設置
② 直動転がり支承上部の基礎を構築
③ ジャッキダウン
④ 既存基礎梁端部を切断
⑤ オイルダンパーを設置 (既存基礎梁の干渉部はあらかじめ撤去)
⑥ 積層ゴム・耐風ストッパー上部の基礎を構築
⑦ 仮設ストッパーを撤去
⑧ 新基礎外周にピット擁壁とタイバーピットを構築
⑨ 埋め戻し
⑩ 新基礎上部外周のスラブとタイバーピットの蓋を構築

久屋大通公園に開いた
次世代オフィス

アーバンネット名古屋ネクスタビル
URBANNET NAGOYA nexta BUILDING

建築主	NTT 都市開発株式会社
所在地	名古屋市東区東桜
基本設計	日建設計
実施設計・監理	清水建設（実施設計監修：日建設計）
施工	清水建設

名古屋のシンボルストリートで南北に伸びる久屋大通と、名古屋駅より東西に伸びる桜通、さらに歴史ある旧飯田街道の結節点となる敷地に、新たなランドマークオフィスビルを設計します。

NTT 都市開発が保有する既存のアーバンネット名古屋ビル、商業施設Blossaを含めた街区全体の一体的な賑わい創出を目指して「東桜一丁目1番地区建設事業」を名古屋市に提案し、栄地区ではじめて都市再生特別地区の認可を受けた計画です。

街区内にある既設の公開空地を活かしながら、まちを行き交う歩行者にとっての豊かな通り抜け空間と、ワーカーのABWを促進する滞留空間を併せもつ場所である「会所」を計画し、ヒューマンスケールな緑地と合わせて設えることで久屋大通公園と連続する"緑の歩行者ネットワーク"を形成します。

通り抜け空間には「アクティブファサード」と名付けた巨大な石壁を地下1階から2階にかけて設け、様々な人々や情報が行き交う外部のような内部空間を計画しました。　　　　　　　　　　　　　　（安江英将）

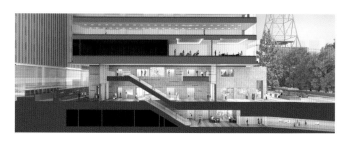

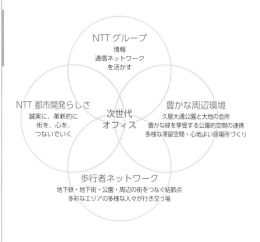

東桜を活かす取り組み

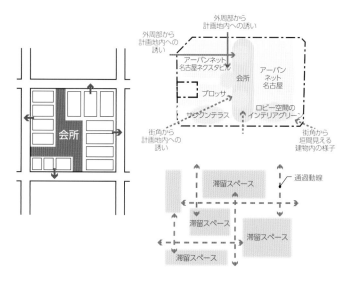

意匠	安江英将
都市計画	廣瀬元彦・宮本恵孝・片岡健一

1 | 低層部空間構成イメージ
　　©NTT 都市開発株式会社
2 | オフィスエントランス内観イメージ
　　©NTT 都市開発株式会社
3 | 東西をつなぐ歩行者空間の断面構成イメージ
　　（基本設計時）
4 | 会所について
　　1_ かつての城下町の空間構成の特徴「会所」
　　2_ 街区内での「会所」の展開と周辺との関係性
　　3_ 会所内の雁行形式の空間構成 [※基本設計時]
5 | 外観イメージ ©NTT 都市開発株式会社
6 | 公園と街区の平面的つながり（※特区提案時）

1		5	
2			
3			
4	4 2	6	
	4 3		

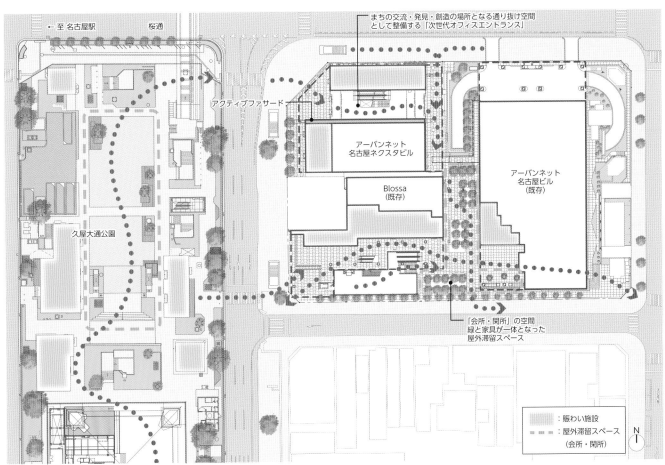

まちの交流・発見・創造の場所となる通り抜け空間
として整備する「次世代オフィスエントランス」

← 至 名古屋駅　　桜通

アクティブファサード

アーバンネット
名古屋ネクスタビル

Blossa
（既存）

アーバンネット
名古屋ビル
（既存）

久屋大通公園

「会所・閑所」の空間
緑と家具が一体となった
屋外滞留スペース

：賑わい施設

：屋外滞留スペース
　（会所・閑所）

N

まちづくりをイノベーションする場

日建設計都市模型サロン
Sakae-BA400

サロン「Sakae-BA400」は、名古屋 栄のまちづくりを語り合う場として、2017年に、日建設計名古屋オフィス内にオープンしました。

一般公開やイベントを通して延べ約3,200人(2021年10月末時点)にご来場いただき、地域の皆さまをはじめ、行政、学識経験者、クライアントの方々、まちづくりに携わる方々が、栄のまちの特徴やまちづくりのアイデア、より良い未来などについて語り合う場となっています。

Sakae-BA400には、1/400の縮尺で栄の中心部を再現した模型を設置しています。久屋大通公園を中心に、北は名古屋城、南は若宮大通周辺までのおよそ3.6kmの街区と建物に加え、街路樹、地面の高低差、地下街・地下空間を精密に再現しています。

また、様々なテーマのもと栄の魅力向上をめざした提案も紹介しています。名古屋シンポジウム2018では、名古屋のまちづくりの未来を担う若手職員が中心となって、中部圏の主要産業である自動車の技術革新を題材に、自動運転時代の栄・久屋大通公園の将来像の提案を行いました。

模型や提案をきっかけとした語り合いで得られた新たな気づきやアイデアは、実際のプロジェクトでも議論され、現実の取り組みに活かされたものもあります。

日々生まれる新たな技術、新たなライフスタイル、新たな社会システムに応じて、まちづくりは柔軟に素早く進化していくことが求められます。

Sakae-BA400は、これからも、語り合いを通して新たな気づき・アイデアを発見・発信し、まちづくりに新たな魅力を生み出すイノベーションの場としてあり続けます。

（片岡健一）

2017
◀ NSRIフォーラム開催
　 ＠名古屋テレビ塔

◀ Sakae-BA400オープン

◀ 一般公開スタート

2018
◀ 大ナゴヤツアーズにおける
　 「日建設計とつくる1/400サイズ
　　　　　の栄まちづくり」
　 サロンの来場者数1,000人達成

◀ 名古屋シンポジウム2018
　 -新技術と考える、
　　　未来の栄の魅力づくり-
　 自動運転時代の栄・久屋大通公園の
　 将来像の提案

2019
◀ 愛知建築士会　座談会参加
　 「名古屋の建築とまちなみを
　　　　　考える座談会」
　 サロンの来場者数2,000人達成

◀ CGS展 in名古屋
　 -Visualize⁺ 建築を伝えるちから-
　 CG スタジオがつくる建築の世界

2020
北エリア・テレビ塔エリア
Park-PFI事業 オープン

名古屋テレビ塔
(中部電力MIRAI TOWER)
リニューアル

2021
10月末時点
サロンの来場者数3,212人

1 | Sakae-BA400 の変遷
2 | 模型全景と Sakae-BA400 の内観
3 | 様々なテーマによる提案
　　1_かごゴンドラ：南北方向に分断された久屋大通公園をつなぐ、
　　　　利便性とエンターテイメント性を備えた移動手段の提案
　　2_100×100：清州越しから続く歴史的な町割りを、オープン
　　　　スペースやまちづくりに活かす提案
　　3_Lay Line：自動運転の普及で不要になった車線の空間を活用
　　　　した地下歩行者ネットワークの提案
　　4_ソラユカ：自動運転車が自由な高さで建物にアクセスすることで、
　　　　縦方向の用途の混在による360°のにぎわい風景の提案

1	2		
3-1	3-2	3-3	3-4

Sakae ソラユカ　　De：PARK　　変わらないまち栄　　Lay-Line　　都市活動のテーマパーク

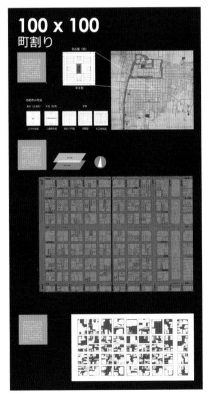

100 x 100
町割り

日建名古屋のレジェンドに訊く｜三浦忠誠

名古屋の代表経験者として、名古屋のまちづくりへの想いや、現役時代と比べて現在の建築設計のありかたなどを伺いました。

フォルムを褒めるだけが建築ではない

三浦忠誠（みうら・ただまさ）

1960年 日建設計工務入社
2003年 退社
現在 画家として活動中

在職中は、中部国際空港・名古屋市東庁舎・岐阜メモリアルセンター 他を担当し、名古屋事務所長を務める

村井達也（むらい・たつや）
執行役員 設計部門 設計グループ プリンシパル

廣西航多（ひろにし・こうた）
設計部門 プロジェクトデザイナー（入社2年目）

左から　廣西航多・三浦忠誠・村井達也

廣西｜三浦さんは名古屋事務所の代表をされていましたが、日建設計の名古屋は、どういう特徴があると思われますか。

三浦｜僕が入社して名古屋に配属されたのは1960年です。その頃の名古屋事務所は150人位の規模で転勤も皆無に近い状況だったと思います。

当時の名古屋の仕事は、庁舎、病院、事務所建築も多数お世話になっていまして、名古屋の有力企業の本社、本店建築も数多く工事中でしたが、生産施設も比較的多くて、それらの建設地も名古屋のほかにも関東や関西、九州、それからブラジルやカナダなど外国の仕事もありました。そういった仕事が徐々に減ってきて、1971年のドルショックの頃には、25〜6人が東京事務所に異動するとか、多数の退職者が出るなどの激動の時期を迎えました。

廣西｜高度経済成長期にもあった不況の波の中で、生産施設の需要が低くなったためにスタッフが減り、その後に持ち直してきた時には、他のビルディングタイプも増えていったということですね。

三浦｜入社10年後に事務所規模が100人で出直しとなりましたが、従来のお客様はもとよりコンペ・プロポーザル等あらゆる機会を逃さず、当時の所長以下皆さんで頑張りました。多様なクライアントの仕事も増えていき、官庁から特命の仕事も多くいただくようになりました。その当時のエピソードですが、何年かしてトヨタ自動車系列の団体から初めてお声が掛かったのです。地方から工場に働きに来ている若者たちが、ふるさとを思ったりしながら憩える施設をつくりたい、ということでした。その施設の責任者の方から「前例にこだわらずに設計していい」というお話を頂き、それでできあがった建物が建築賞をもらいましたが、その後、トヨタ自動車の外郭団体関連はじめ徐々に仕事が頂けるようになり、東京で担当した東京本社など、名古屋以外でもお世話になる事になりました。

廣西｜1960年頃の高度経済成長期に多くつくった建築は、耐用年数を迎えてきているのでしょうか。

三浦｜そこなんですよ。その当時の建築で最初に取り壊されたのが東海銀行（現：三菱UFJ銀行）の本店です。ショックでした。あれは取り壊すものではないと思っていましたから。

村井｜高層建築ではないですが、ワンフロアが非常に広くて、良いプランでした。

三浦｜増築したけれど、辻褄の合ったプランになっていて、階高もそれなりにとってあり、機能的には勿論のこと、都市景観としても優れた建築だと思います。

村井｜施工品質も高いですよね。

三浦｜そうです。日建の監理の力が十分発揮できていたと思います。日建が設計監理してつくった建物は「100年以上使える」のではないかと思っています。

廣西｜社会ストックとして長く使える建築になるためには、頑丈であることも必要ですが、日本は経済を回すために建設をしてきた歴史もあって、どうしても事業者の都合で建て替えられてしまうことがあり、さらに建築自体がまちの人にどれくらい愛されているかという要因もあると思います。長く建築を使っていくためには、どういったことが重要だと思われますか。

三浦｜外側から言えば「都市計画の全体の流れに合っているかどうか」は重要だと思います。内側から言うと、「うまく使う」ことを考えて欲しいですね。たとえば一番ネックになるのは設備だと思いますが、その時代に合った設備に取り換えることは、難しいけれど出来なくはない。一つの建物でいえば「全体の半分以上は今ある資産、例えば躯体などを使い、新しい空間を享受出来るようなものを設計する力」を養っていけば、地球環境にも貢献できると思います。

村井｜先輩方が設計された建築を、我々や後輩たちがより価値を高めながら長く使うということが、これから求められることだと痛感します。

三浦｜そういう提案ができる建築家でなければいけない。リボーンというか生まれ変わった建築が出来ていくのも面白いですよね。フォルムを褒めるだけが建築ではないと思います。

廣西｜最後に、三浦さんは設計の仕事をされた後に画家としてもご活躍ですが、セカンドキャリアのあり方についてアドバイスがあればお聞きしたいと思います。

三浦｜僕らの頃は、建築の設計という仕事は「寝ても覚めても24時間考えなければ駄目だ」という教育を受けてきました。そういうものだと思いますよ、本職でやっている間は。

村井｜廣西さんは何かセカンドキャリアを考えているのですか。

廣西｜私はもともと経済を学んでいましたが、もう少し形に残る物をつくる仕事をしたいと思い、建築が好きだったこともあって、建築を学び直しました。それで、今がセカンドキャリアのような状態です。

村井｜多様性のある組織の方が活性化しますから、廣西さんのような人は日建にとって貴重だと思いますよ。

三浦｜経済の話が出来るのはいいですね。設計は「最後はクライアントとのトップとのコミュニケーション」になりますからね。学識の豊かな廣西さんのご活躍が楽しみです。

廣西｜今日は大変貴重な機会でした。良いお話をありがとうございました。

TRANSMITTING
社会に発信する

建物は単体として機能しますが、その建物が建つ
地域・社会と建築主・建物のユーザーをつなぐ媒体
として機能するとも言えます。特に近年では社会との
インタラクティブなつながりを求められることが
多くなってきています。
このセクションでは主に建物を利用して社会に
対して情報を発信し、地域社会との新しい関係性を
構築しているプロジェクトをご紹介いたします。

01 既存の樹木・周辺環境と共存する杜の庁舎

いなべ市役所
Inabe City Hall

建築主　いなべ市
所在地　三重県いなべ市北勢町
施工　　大成建設

既存の樹木や地形を最大限に残すと共に、低層かつ分棟の建物計画とすることで周辺環境にも調和する建物を目指しました。

庁舎は「行政棟」「議会棟」「シビックコア棟」「保健センター棟」で構成し、各棟をつなぐように大庇「Baum」を架け、これに隣接するように「にぎわいの森」を計画しました。

「シビックコア棟」は会議室などを集約した建物であり、分棟化することで休日や夜間でも市民が利用しやすくしています。

また、「Baum」は市民向けのイベントやマルシェなどを行う広場に架けた大庇で、既存の杜に呼応する人工の杜をイメージして計画しました。

「にぎわいの森」は既存の杜を活用した商業施設群であり、地場の食材などを使用した商品を提供し、市の魅力を発信しています。これらは人口の減少と高齢化を踏まえたまちづくりを行う拠点となると共に、休日や庁舎に用事が無いときでも市民が日常的に集う本来の意味での「公共建築」として機能することを狙っています。

(山口智三)

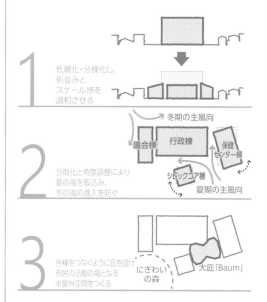

1　低層化・分棟化し、街並みとスケール感を調和させる

2　分散化と角度調整により夏の風を取込み、冬の風の進入を防ぐ

冬期の主風向
議会棟　行政棟　保健センター棟
シビックコア棟
夏期の主風向

3　各棟をつなぐように庇を設け市民の活動の場となる半屋外空間をつくる
にぎわいの森　大庇「Baum」

意匠　山口智三
構造　正田崇貴
CR　　川島弘義
土木　堀 泰三／日建設計シビル

1 | 周辺の環境や山並みに調和する
　　建物群
2 | 外部から行政棟内部を見る
3 | 低層・分棟の建物群
　　奥側：庁舎エリア
　　手前側：にぎわいの森エリア

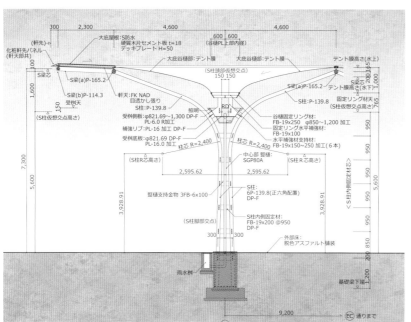

1	3
	4
2	

1｜庁舎の顔となり市民の活動の場となる大庇「Baum」
2｜大庇矩計図　1/150
3｜敷地内の伐採木も利用した木製ルーバーを
　ふんだんにあしらった行政棟内部
4｜既存樹木の残るにぎわいの森エリア

02

階段をかたどった 木造のファサード

ソフィア内科クリニック・ソフィアひふ科クリニック
Sophia Physician Clinic/Sophia Dermatology Clinic

建築主　医療法人社団愛康会
所在地　石川県金沢市泉が丘
監理　　建築研究所セクションアール
施工　　豊蔵組

階段の勾配に沿った全面ガラスのファサードは、二つの
独立したクリニックを機能的かつ視覚的につなぐと
共に、クリニックのアクティビティをかたどり、内外に
開放感と活気をもたらします。

RC構造を主体としながらも、サッシ方立を兼ねた木柱の
混構造を用いたフロントデザインにより、柔らかな表情
を持つ軽快な窓回りを実現させました。

奥行きある木柱は、患者さんのプライバシーを確保し
ながらも、まちとのつながりを感じる温かみある空間を
生み出しています。　　　　　　　　　　（樅山由佳）

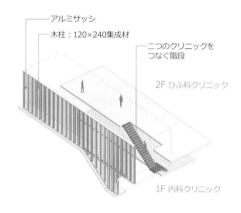

アルミサッシ
木柱：120×240集成材
二つのクリニックを
つなぐ階段
2F ひふ科クリニック
1F 内科クリニック

ファサードと建物構成

意匠　白石記之・樅山由佳
構造　小林和子

1｜階段をかたどったファサード
2｜サッシ方立を兼ねた木柱の窓回り
3｜ファサードに面した階段
4｜2階ひふ科クリニック待合

03

ささしまライブ24・まちづくり の起点となる新キャンパス

愛知大学 名古屋キャンパス
Aichi University Nagoya Campus

建築主　学校法人愛知大学
所在地　名古屋市中村区平池町
施工　　Ⅰ期：竹中工務店・Ⅱ期：鴻池組

新幹線をはじめとする鉄道高架と、都市高速道路に囲まれたささしまライブに開校した愛知大学名古屋キャンパスは、文化活動や情報発信などのアクティビティや市民が集うことで生まれるネットワークにより、名古屋駅周辺地区のまちづくりの起点となるキャンパスです。

Ⅰ期工事で講義棟と厚生棟を建設し、2棟間にウェーブアーチ状のガラス屋根を架けた「キャンパスモール」を設け、ささしまライブ地区の賑わいの核として、西側の都市公園と東側のにぎわい軸を結ぶ地域のコアを計画しました。

Ⅱ期工事では、名古屋キャンパスのシンボルタワーとなる本館(研究棟)と、情報発信の場として国際会議も開催できるグローバルコンベンションホールを建設しました。

本館(研究棟)の17〜19階には、卓越風を利用した重力換気装置としての開口「エコボイド」を設け、外観デザインの特徴としました。

各教室や研究室の窓廻りから新鮮な外気を取り入れ、エコシャフトを利用して換気する自然換気システムや、ライトシェルフ、キャンパスモールのガラス屋根による自然採光、屋上緑化や壁面緑化、クールヒートチューブなど多くの環境技術を採用し、施設全体でCASBEE-Sクラスのエコキャンパスを実現しました。　(廣瀬文昭)

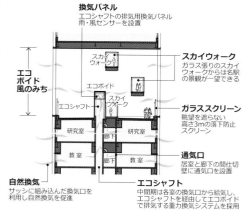

換気パネル
エコシャフトの排気用換気パネル
雨・風センサーを設置

スカイウォーク
ガラス張りのスカイウォークからは名駅の景観が一望できる

ガラススクリーン
眺望を遮らない
高さ3mの落下防止スクリーン

通気口
居室と廊下の間仕切壁に通気口を設置

自然換気
サッシに組み込んだ換気口を利用し自然換気を促進

エコシャフト
中間期は各室の換気口から給気し、エコシャフトを経由してエコボイドで排気する重力換気システムを採用

エコボイド断面

意匠　山本明広・廣瀬文昭
構造　橋本幸治
設備　宮崎 光

1 | 北側から望む全景（竣工時撮影）
2 | ささしまライブ 24 地区の中心に位置するキャンパス
3 | 各方面の軸を取り入れたキャンパス計画

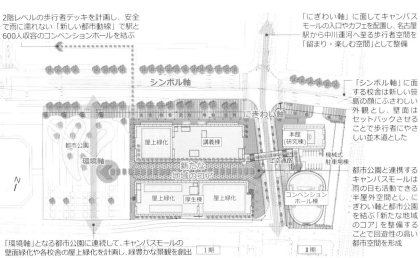

2階レベルの歩行者デッキを計画し、安全で雨に濡れない「新しい都市動線」で駅と600人収容のコンベンションホールを結ぶ

「にぎわい軸」に面してキャンパスモールの入口やカフェを配置し、名古屋駅から中川運河へ至る歩行者空間を「留まり・楽しむ空間」として整備

「シンボル軸」に面する校舎は新しい笹島の顔にふさわしい外観とし、壁面はセットバックさせることで歩行者にやさしい並木道とした

都市公園と連携するキャンパスモールは雨の日も活動できる半屋外空間とし、にぎわい軸と都市公園を結ぶ「新たな地域のコア」を整備することで回遊性の高い都市空間を形成

「環境軸」となる都市公園に連続して、キャンパスモールの壁面緑化や各校舎の屋上緑化を計画し、緑豊かな景観を創出

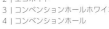

1 | キャンパスモール
2 | エコボイド
3 | コンベンションホールホワイエ
4 | コンベンションホール

04

上品かつ風格ある外装
変幻自在な光演出

岡崎信用金庫 名古屋ビル
Okazaki Shinkin Bank Nagoya Building

建築主　岡崎信用金庫
所在地　名古屋市中区栄
施工　　小原建設

岡崎信用金庫名古屋ビルは、名古屋市内の歌舞伎
演芸場を中心とした歴史ある観劇街に構えています。
外装に伝統和柄である「麻の葉」をモチーフとした緻密
な形状のアルミキャストスクリーンを用い、歴史ある
街並みに相応しい風格を備え、外装に組み込んだ全
1,612灯のフルカラーLED照明により、四季や岡崎の
俳人の歌などをテーマにした光演出を行っています。
広告塔として際立ち、時々刻々と移ろう上品な夜の表情
を実現しています。　　　　　　　　　　　（坂野 正）

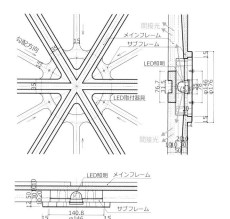

外装詳細図 1/10

意匠　片桐雄歩・田丸正和
設備　坂野 正

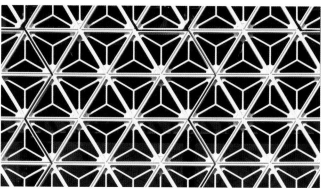

1｜昼全景
2｜外装詳細
3｜外装メンテナンススペース
4｜夜間の光演出

	4
1	
2	
3	

05

街を灯す正八角形の行燈

岡崎信用金庫 城下町支店
Okazaki Shinkin Bank Jokamachi Branch

建築主　岡崎信用金庫
所在地　愛知県岡崎市上六名
店舗コンサルティング　コンフォートメディア
施工　小原建設

岡崎市中心部に計画された金融支店店舗で、「四方八方への情報の発信と集積」「街をやさしく灯す行燈」をデザインコンセプトとしました。

正八角形の平面形状の全方位が「顔」となるように、周囲に向け放射状の内部構成、全面ガラス張りの外装としました。夜間は行燈のように街を灯し、岡崎の城下町の風情を想わせます。敷地境界はフェンスを止め、建物周囲に庭を設けることで、ゆるやかに街とつなげました。庭を回遊しながら、ガラスに施された岡崎各所のイラストを楽しむことができ、店舗内やギャラリーを外部からも窺い知ることができます。

地域に根づいた建築とするため、地元岡崎市額田地区の木材を、外装のガラス支持材や内装の随所に活用しました。材料供給だけでなく製作にも地場の中小企業が参画しやすいよう、集成材は避け、無垢材を用いました。窓の内側の木ルーバーは、年間を通した日射のシミュレーションを基に設計しています。各方位ばらつきの少ない自然採光を目指した結果、真南から真北にかけて徐々に角度と奥行きが変化する特徴的なデザインとなっています。

（奥瀬陽子）

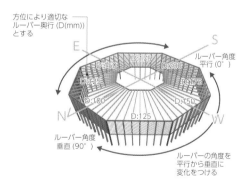

ルーバーによる日射遮蔽効果のシミュレーション

意匠　奥瀬陽子
デジタルデザイン　角田大輔

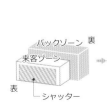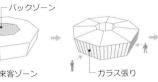

今までの金融店舗は建物に裏表があり、夜間はセキュリティ上シャッターを閉鎖。

→

周囲に向けて裏をつくらないように、建物中心のバックゾーンを囲うように来客ゾーンを配置。

→

全周ガラス張りで透明性を高め、衆人環視によりセキュリティを高める。

→

外観をつくり、室内環境を整える三河産材の木ルーバーを建物全周に設ける。

→

敷地境界にフェンスなどを設けず、緑を植え、ゆるやかに街に開く。

1 | 街をやさしく灯す行燈のような外観
2 | 建物と周囲の街をつなぐ庭
3 | 木ルーバーから柔らかな日がさす開放的なロビー
4 | 室内の日射環境を均一にする木ルーバー
5 | 建物コンセプト

06

人と人とが"X"するキャンパス
クロス

大同大学 X棟
クロス

Daido University Building X

建築主　学校法人大同学園
所在地　名古屋市南区滝春町
施工　　大林組

X(クロス)棟は、キャンパスの東、道路を隔てたグラウンド
敷地に移転新築した建築学科校舎です。昨今のコロナ
ウイルスの影響でリモート授業が主流になるなか、改めて
浮き彫りになった「人と人とがつながる重要性」を大切
にし、学生が集い、ともに学び、ともに競い合う、本来の
「学びの場」の創出に立ち返りました。

前面道路を隔てた既存B棟に、キャンパス中央の広場
に抜ける4層のピロティ状の開口があり、X棟とキャンパス
中央の広場を視覚的につなぎ一体感を醸成するため、
B棟の開口位置からX棟側へと延ばした東西66m、4層
吹き抜けの"Dクロスモール"を校舎の要としています。
このDクロスモールや、中庭を中心に様々なスケール・
性格のラーニングスペースやラウンジを分散配置する
ことで、学生たちが移動中に顔を合わせ、コミュニケー
ションが発生するような仕掛けとするとともに、講義
室、実験室、ゼミ室、研究室をすべてガラス張りとするこ
とで、他の学生たちの学びが垣間見え、互いに見る・見ら
れる・刺激しあう関係を誘発します。　　（片桐雄歩）

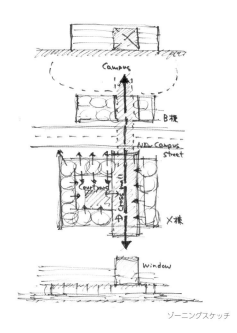

ゾーニングスケッチ

意匠　片桐雄歩・上田滉己・本間千尋
設備　横井繁明

1 | 大きな窓と水平に重なる深い軒庇が特徴の外観
2 | B棟の開口部をX棟側に伸ばした筒状空間のDクロスモール
3 | Dクロスモール東端部ラウンジよりグラウンドを望む

1｜Dクロスモール、スタジオ（製図室）、ゼミ室、ラウンジ
　 が顔を出す中庭
2｜Dクロスモールの2階からスタジオ（製図室）を望む
3｜Dクロスモール4階から東側を望む

| | 1 | 3 |
| 2 | | |

クライアントインタビュー｜大同大学 X 棟

武藤 隆 大同大学 工学部建築学科教授 × 片桐雄歩 設計部門アソシエイトアーキテクト

× 五十田昇平 クライアント・リレーション&マネジメント部門アソシエイトマネージャー

武藤 隆｜むとう・たかし

1990年東京藝術大学美術学部建築科卒業。1992年東京藝術大学大学院美術研究科建築専攻修了。1992年から2002年まで安藤忠雄建築研究所に勤務。2002年に武藤隆建築研究所設立。2010年より大同大学工学部建築学科准教授。2013年より同教授。あいちトリエンナーレ2010、2013のアーキテクト、2016ではシニア・アーキテクトを務めた。

片桐雄歩（かたぎり・ゆうほ）／五十田昇平（いかだ・しょうへい）

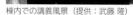

棟内での講義風景（提供：武藤 隆）

五十田｜白水校舎からX棟に引っ越され、先生や学生さんの過ごし方、校舎の使われ方はどう変化したでしょうか。

武藤｜コロナ禍が尾を引いており、供用開始の4月からは、半分リモート半分対面で授業を行いました。リモート授業を大学で受ける学生もいて、X棟にはラウンジやラーニングスペースが点在しているので、学生が密にならないように散り散りになって、好きな場所で授業を受けるという状況が見られました。広い場所の椅子・テーブルで授業を受けている学生とカウンターの端で受けている学生とは、それぞれの思いがあると思うので、当初コロナと無関係にイメージしていた空間の使い方が、むしろより鮮明に見えてきたというのが第一印象です。

片桐｜こんなに開かれたキャンパスは逆に居心地が悪いという学生さんもいるのではないか、と心配したのですが。

武藤｜前期の授業でアンケートを取りました。ガラス張りの校舎あるいは講義室は、最初は落ち着かないかと思ったけれど、全然そんなことはなくて、逆に見られていると思った方が集中できる、といったポジティブな回答があっただけでなく、とくに近年は女子学生が多くなっていますから、講義室が全部外から見られている方がむしろ安心できる、とも受け止められていて、こんなに劇的に意識が変わるものかと驚きました。

片桐｜武藤先生はゼミ室もオープンにしておられますが、学生さんは和気あいあいと楽しそうですね。

武藤｜教員と学生の関係よりも、効果を感じるのは学生同士の人間関係です。ゼミ室には4年生しかいませんが、1、2、3年生が廊下をふらっと歩いて来て、ゼミ室にいる先輩を捉まえてちょっと質問する、というようなことがよく行われています。中が見えない壁があって、ドアをノックしてガチャっと開けるときの抵抗感と、ガラス越しに見ていて何となく目が合って、「いいですか」というのとは、全然違います。スタジオでも、講評会をやっているのをガラス越しに廊下から見るとか、要するに授業を受けていない学年やクラスの学生が見ている。長い期間をかけて、その効果が出てくると思います。

五十田｜先輩、後輩がシームレスに日常生活の中で接しているのですね。

片桐｜行きたくなるような校舎になっているか、という点はどうでしょうか。

武藤｜行きたくなるというか、居続けたくなるという方が近いかもしれません。この近隣に下宿している学生は、大学へ来たらWi-Fiも電気代もある意味全部フリーですから、朝早くから夜遅くまで、気に入った場所で、ずっと使っていたりします。中庭の周りをゼミ室が取り囲んでいて

お互いに見えますから、「あそこずっと電気が点いているから、うちも頑張る」みたいなことを学生たちは言っているようです。教員は廊下にしか出られませんが、学生は廊下にも中庭にも出られるので、ゼミ室間は中庭を介して行き来していますね。お昼を中庭で食べたりもしていますから、まさに思った通りの使い方をしてくれています。

片桐｜「見る・見られる・刺激しあえる」ところから、人と人をつなぐことがわれわれの思い描いていたことです。その根幹のところが生きている感じがします。

五十田｜このX棟を使い始めて、建築家の視点から感じられることはありますか。

武藤｜教材としての使われ方を意識した校舎になっているので、とても授業がやり易いですね。建築を学びたての学生に、X棟を見て「どうしてここはこうなっているんだ」「これは何だ」という所を探しなさい、それを写真に撮って、想像してこうだろうとかまったく分からないとか思ったことを挙げなさい、というレポートをやりました。そうすると、鉄骨のジョイントの跡を見つけて「何でこんなものが出っ張っているんですか」とか、常閉の防火戸を「何か小さい扉があるけどどこにも行けない、これは何ですか」と聞いてくる学生がいる。まず自分で疑問を持たせて、翌週にそれを解説するという授業が出来るようになりました。そういう目をまず持たせ、次はもう少し具体的に、X棟の床の写真を3枚撮って、どういう仕上げか類推しなさい、ということをやる。それを床、壁、天井とやっていくと、だんだん自分たちがいる場所の素材に疑問や関心を持って見て、知って、身につけることが出来るようになる。バリエーションのある仕上げがあちこちにあり、普段隠れている設備も表しになっていますから、それは良い効果をじわじわ出していくと思います。

五十田｜最後に、先生がわれわれに期待する、社会や建築界での役割がありましたら教えていただけますか。

武藤｜隅々まで監理が行き届いて、設計者が思った通りの現場が実現した建築を見ると、日建設計の高い総合力と技術力を感じます。そういう仕事をし続けて欲しいと思います。最近、建築業界全体の質が悪化して、利益優先、事業性優先の空間が生まれてきています。そうならないように設計の質を守っていただきたいですね。

五十田｜世の中から求められる役割が多様化していますが、日建設計がリードしなければいけない部分もあると感じました。本日はありがとうございました。

EMBODYING
理念を具現化する

建物はまち・都市を構成する要素の一つであり、まちに対して建築主の顔となり、建物がその都市の顔となる場合もあります。
このセクションでは、建築主の思いや理念を汲み取り、その理念を建築デザインとして表現したプロジェクトをご紹介いたします。

07

世界の建材を発信する
体験型ショールーム

アドヴァン 名古屋ショールーム
Advan Nagoya Showroom

建築主　アドヴァン管理サービス株式会社
所在地　名古屋市中村区名駅
施工　　前田建設工業

建材メーカーである同社をアピールするため、大通り
に面して積層の様相を排除した"石のモノリス"として
の物質感と存在感が、ビルであることより先行するよう
に計画しました。外壁は、同社が更なる市場展開を狙う
外装用石材を使用し、螺旋状に配置した屋外階段を削り
出すことでプランニングの特徴を表現しています。
また、屋外階段と共に抉られた消防活動用のバルコニー
を三角形の街区が持つ特徴としてあらわし、隣接する
ビル群との調和も図りました。
コアをなくしたことで解放された1階ファサードは、
25mm厚の超大判フロートガラスとすることで、大通り
を行き交う車や人に対し、同社商品をアピールする巨大
ショーケースとなっています。　　　　　　（浦 俊弥）

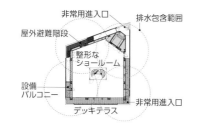

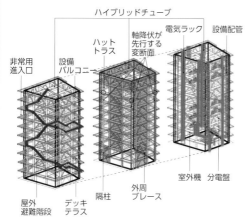

建築計画・構造計画・設備計画が統合されたハイブリッドチューブ

意匠

岡田耕治・見杉亮誠・浦 俊弥・福井貴英

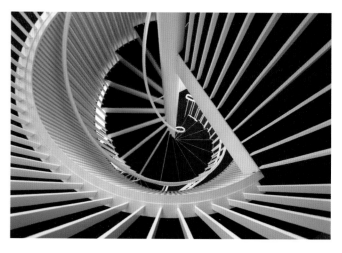

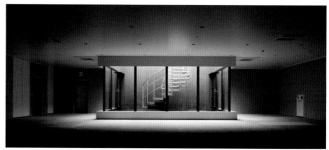

1｜外壁に削り出された螺旋状の屋外避難階段
2｜南面のデッキテラス
3｜螺旋階段見下げ
4｜10階ショールームの内観
5｜外観

1	
2	5
3	
4	

08

土木コンサルタント本社を
表現する質実剛健なファサード

大日コンサルタント新社屋
Dainichi Consultant Inc.Head Office

建築主　大日コンサルタント株式会社
所在地　岐阜県岐阜市薮田南
施工　　大日本土木

シンプルで質実剛健な門型の構造フレームをファサード
に現し、土木コンサルタント会社らしさを表現してい
ます。
ワンフロア1,000㎡の整形でオープンなワンルーム
オフィスを確保し、設計部門をワンフロアに集約して、
知的生産性の向上を目指しました。
階段で容易に移動できる3階建てに抑え、オフィス中央
の開放的な階段の周囲にミーティングスペースや
リフレッシュコーナーを設けることで職場の一体感を
向上させました。　　　　　　　　　　（岡田宏介）

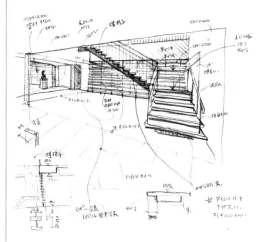

玄関ロビーのデザイン検討スケッチ

意匠　岡田宏介
設備　安井規祝
監理　篠田量次
CR　五十田昇平

1 | 外観北東面
2 | 1階ロビー
3 | 2階オフィス
4 | ダイニング

09

ドリームライナーを包み込んだ
特別な空間体験

FLIGHT OF DREAMS
FLIGHT OF DREAMS

建築主　中部国際空港株式会社
所在地　愛知県常滑市セントレア
共同設計　東急エージェンシー (商環境演出・内装設計)
施工　東急建設

機体の翼先端高さを交点とするX型組柱の採用により
柱スパンを最小とし、梁をトラス架構とすることで、
自由度の高い60×80mの無柱大空間を実現しました。
建築構造を外観デザインモチーフとすることで、特徴的な
外観デザインとしました。
曲面で構成されたドリームライナー初号機の機体と、
直線で構成されたX型組柱の力強い建築構造の対比が、
機体をより際立たせ、来館者に「特別な空間体験」を
もたらします。
機体の移動は滑走路端の駐機場から約900m離れた
建物内までトーイングカーで牽引し、途中このクラス
の航空機として公道を横断した日本初の事例となりま
した。　　　　　　　　　　　　　　　　（今井幸彦）

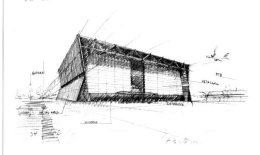

コンペ時のイメージスケッチ

意匠　本田聡一郎・今井幸彦・森 栄俊

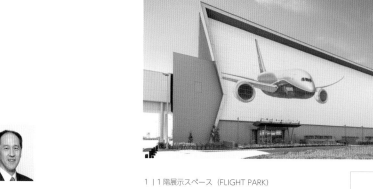

1 ｜ 1階展示スペース（FLIGHT PARK）
2 ｜ 外観北面
3 ｜ 2階フードコート（全景）
4 ｜ 2階フードコート

	1	
2	3	4

10

ホテルを思わせる上質空間の
会員制総合メディカル倶楽部

ハイメディック名古屋コース トラストクリニック
HIMEDIC Nagoya Course Trust Clinic

建築主　株式会社ハイメディック
所在地　名古屋市中区栄
施工　鹿島建設

株式会社ハイメディックが運営する会員制総合メディカル
倶楽部の検診施設です。

ファサードは最新のMR/PET機器による断層画像を
GRCの水平フィンで表現し、これを積み重ねたフォルム
を人体のシルエットに見立て、柔らかな曲線やスプーン
カットの抉りにより、先進的でありながら有機的な視覚的
体験を創り出しています。

インテリアはメディカル施設としての清潔感や高級感
を感じる空間とするべく、大理石やブラックステンレス
などの高級感のあるマテリアルを織り交ぜ、間接照明や
木の素材感でやわらかな雰囲気を演出しながら「先進的
でありながらも有機的で優しいデザイン」を踏襲し
ラグジュアリーな空間としました。

（佐藤喜一／日建スペースデザイン）

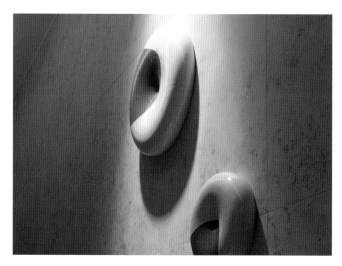

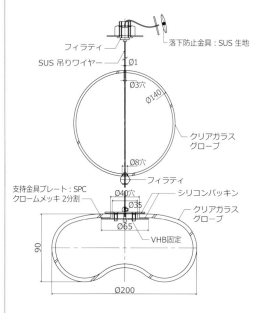

落下防止金具：SUS生地
フィラティ
SUS吊りワイヤー　Ø1
Ø3穴
Ø140
クリアガラス
グローブ
Ø8穴
フィラティ
支持金具プレート：SPC
クロームメッキ2分割
Ø40穴
シリコンパッキン
Ø35
クリアガラス
グローブ
Ø65
VHB固定
90
Ø200

赤血球シャンデリア詳細図

インテリア　米澤研二・中院麻央・佐藤喜一／日建スペースデザイン

1｜8階レセプション
2｜1階赤血球アート
3｜外観南東面
4｜1階エントランスホール

1	
2	4
3	

11 スマート社会を生産する
山里の光半導体工場

浜松ホトニクス 化合物材料センター
HAMAMATSU PHOTONICS Compound semiconductor Fabrication Center

建築主 | 浜松ホトニクス株式会社
所在地 | 浜松市北区新都田
施工 | 清水建設

Society5.0が目指すスマート社会の、先端的な医療や産業用機器のキーデバイスとなるセンサー用の化合物、光半導体を製造するクリーンルーム工場を、浜松の山間部の工業団地に計画しました。

高度な生産施設を緑豊かな自然の中でどう対置するかの課題に対し、通常、外壁に露出する複雑な室外機やダクト・配管類を、全て建物両サイドの設備バルコニーに収め、設備のリプレースやメンテナンスが簡単にできる全面引き戸式のハンガードアで覆い、生産設備の維持管理性と安全性と美観を守り、工場建築ではありふれた経済的な外装材を用いながら、シャープで特徴ある外観を実現しました。

最大クラス1000のクリーンルームは、構造トラスを設備ISSとして利用し、製造設備のレイアウト変更などにも柔軟に対応できるフレキシブルなモジュラープランとしています。

地盤や環境振動から躯体を伝播する微振動の製造への影響をシミュレーションで検討対策し、大地震にも耐える免震構造としました。計画初期から施工まで一貫してBIMを活用したスマートな設計と施工検討により、高品質な工場を確実に完成させることができました。

（五十嵐啓太）

計画から施工までBIMを活用したアジャイルな設計・建設プロセス

意匠 | 佐竹一朗・五十嵐啓太
設備 | 酒井克彦

	1
2	3

1 | 東側玄関
　外装材は折板やスパンドレルなどの一般的な金属素材と型鋼の組み合わせ
2 | 外観北面
　建築化された設備バルコニーは高度な生産設備を静かに覆い周囲の自然との調和をはかる
3 | 東側全景
　山里の奥深い緑の中で先端医療や自動運転などの高度技術に不可欠な光半導体を生産し世界に供給する

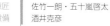

12

社員を家族として大切にする
企業風土のシンボル

CKD株式会社企業内託児所 オハナ ナーサリー スクール
CKD Corporation on-site day-care center "Ohana nursery school"

建築主　CKD株式会社
所在地　愛知県小牧市応時
施工　　清水建設

建物は広大な本社工場エリアで一番目立つ正面玄関脇
にあります。CKDが標榜する「社員を家族のように大切
にする」企業であることと、CSRへの取り組みを内外へ
アピールするため、工場建築群の中で際立つ柔らかな
円形フォルムとし、存在感とシンボル性を表しました。
子ども達が安全に日々を健やかに過ごすには木の存在
を身近に感じる空間がふさわしいと考え、堅牢なRC外
壁の上に大スパン木造集成材梁を、園庭を中心に放射
状に架ける構造としました。　　　　　　（冨田里央）

意匠　冨田里央
構造　吉原和宏

13

柔らかな木屋根が子どもたちを
包み込むワンルーム保育所

豊川市民病院院内保育所 ほいっぽ
Toyokawa Municipal Hospital Nursery School "HOIPPO"

建築主　豊川市民病院
所在地　愛知県豊川市八幡町
施工　　波多野組

豊川市民病院に付属する、院内保育所です。乳児保育
を担うため、死角のない大屋根下のワンルーム空間と
しています。
柔らかさを感じる木架構のあり方を追求し、保育室は
棟ラインを対角に結んだ単純な家型としながら、「合わせ
登梁」と「合わせ下弦材」で束材を挟み込むフィーレン
デール梁により、建物形状に沿ってレベルが変化する
下弦材がやさしい曲面を生み出し、柔らかく子どもたち
を包み込む空間を実現しています。　　　　（平山 操）

意匠　中川雄輔
構造　平山 操

1 | 託児所（奥）と警備棟（手前）
2 | 遊び場となる中庭
3 | ワンルーム空間の保育スペース

1 | 大屋根ワンルームの保育室
2 | 園庭からの外観
3 | 園庭とつながる 3.6 m大開口

14 | 街の大きなリビング

スイーツバンク
SWEETS BANK

建築主 | 有限会社春華堂
所在地 | 浜松市中区神田町
施工 | 清水建設

お菓子を通じて豊かな時間を提供する春華堂が「街の大きなリビング」をコンセプトとし、地域に文化的価値創造をもたらすことを目指して計画された施設です。「SNS映えする建築」を設計テーマとし、「お菓子をきっかけに食卓を囲んで一家団欒のひとときを過ごしてほしい」という春華堂のコーポレートスローガンを、巨大かつ精緻につくられたテーブルとイスの群造形で表現しました。
スマートフォンの画面で瞬時に顧客の心を掴んでしまうSNS時代において、本社屋の姿を広告媒体として位置づけ、浜松という地方都市に人を呼び、そこから世界に向けて情報を発信するために、メディア・コンテンツとして価値の高い建築を目指しました。　（田中裕大）

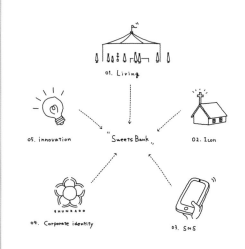

意匠 | 塩田哲也・田中裕大
構造 | 堀本明伸
設備 | 岸本拓也

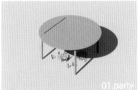
01.party

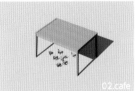
02.cafe

03.shop

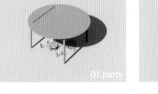
04.living

05.coffee

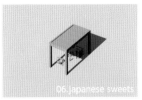
06.japanese sweets

07.kitchen

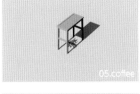
08.atm

09.smoking

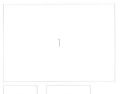

1

2

3

1｜地域の人を出迎えるテーブルとイスの群造形
2｜都市スケールのリビング
3｜様々なスタイルのテーブルとイスの群造形

1 | 木陰をつくる巨大リビングテーブル
2 | 交差点のアイキャッチとなるテーブルとイスの群造形
3 | スケールアウトした内装デザイン（丹青社設計）

	2
1	
	3

クライアントインタビュー｜スイーツバンク

山崎貴裕 有限会社春華堂・株式会社うなぎパイ本舗 代表取締役 × 塩田哲也 設計部門ディレクターアーキテクト
× 石川 仁 クライアント・リレーション＆マネジメント部門シニアマネージャー

山崎貴裕｜やまざき・たかひろ

1974年静岡県浜松市生まれ。国士舘大学政経学部卒業。大学在学中、友人との縁で卸問屋の㈲人形の甲世へ修業に入り、人形職人や取引先であった各地域の人形屋との交流によりモノづくりと商売の基本を学ぶ。26歳で浜松に戻り㈲春華堂に入社。企画室長を経て2005年うなぎパイファクトリーの建設にプロジェクトリーダーとしてあたり工場見学施設を竣工。2014年には浜北区に「食育と職育」をテーマとした浜北スイーツコミュニティnicoeを竣工。またこの年より水窪町にて地元NPO法人と栗の生産を開始し6次産業をスタート。2021年春には神田町に浜松いわた信用金庫森田支店を併設した春華堂本社施設「SWEETS BANK」を竣工する。2010年公益社団法人浜松青年会議所第60期理事長に就任。2013年より公益財団法人浜松市文化振興財団理事を務める。

塩田哲也（しおた・てつや）／石川 仁（いしかわ・ひとし）

最初の構想図

石川｜スイーツバンク建設にあたっての春華堂さんの思いをお聞かせいただけますか。

山崎｜春華堂は創業130年と少しになりますが、地元のお客さんに多く利用していただいているので、地域の皆さんへの恩返しをしたいという思いが大きかったですね。

また、お菓子は店頭に置けば買っていただける時代ではなく、お店に入るまでも大事だと思っていますので、来てくれた人の印象や記憶に残るような瞬間があって、そこでお菓子も買ってもらえたら嬉しいというのが大前提としてありました。

石川｜この建物のデザインに対しての想いは、どこにありますでしょうか。

山崎｜人がやっていないことをやったら、よりお客さんが来てくれるのでは、楽しんでくれるのでは、という想いです。東京スカイツリーを設計した日建設計さんなら、やれるだろうと考えました。世界の人たちからも評価されるような建物に出来たらいいなと思っておりましたが、実際、そういう建物になったと実感しています。

塩田｜2015年の2月から約6年かけて完成したのですが、初期に春華堂さんからジブリの「天空の城ラピュタ」の絵をいただいて、驚いたのを覚えています。

山崎｜ラピュタのように宙に浮いているとか、世にないもの、見たことのない建物という意味ですね。

塩田｜なかなか意図が掴めていないなと思っていた頃に、春華堂さんから椅子と机が入った最初の構想図をいただきました。私たちには、建物は機能的で装飾は最小限に、工業製品などを使って効率よく建設できるものがよいという、モダニズム建築の価値観があるので、これをいただいたときに、正直困りました。ただ、その後思い改めたのは、机や椅子といった一見装飾的な部分がこの建築の大事な機能だと捉え直せば、それは自分たちがいつもやっている建築と変わらないということです。社長が最初からおっしゃっていた、インスタ映えする、つまりメディアコンテンツとして力のある建築というのは、そういうことかと理解したのです。そして、それを踏まえて私たちは四方からの家具としての見え方を徹底して追及することにしました。

山崎｜やるなら本物の椅子や机の大きいのにしましょうと、細かいところまでこだわりましたね。見た人が机と椅子だと思わなければ、まったく意味の無いものになってしまいますからね。

塩田｜少し設計を進めたところで、やはり家具のクオリティを高めたいと家具工房を訪問し、家具独特のディテールを建築に落とし込んで完成しました。そのような事を妥協しないことがこの建築の要点でしたね。振り返ってみると、自分の幅を広げられましたし、仲間たちも鍛えていただいたと思います。

石川｜この建物が出来て、社員の皆さんや社内の変化はございましたか。

山崎｜コロナ禍で、皆気持ちが沈んだり、不安に思うところもあったようですが、この本社がオープンして一気に話題を集めたことで、社員の気持ちが盛り上がりました。緊急事態宣言や蔓延防止の間でもお客さんが大勢来てくれて、忙しかったので。お店に入るのに1時間並んでいただいたこともあります。写真を撮ってツイッターとかSNSにたくさん上げていただいているので、それなりに評価いただいているのかなと思っています。

うちのインスタグラムやツイッターのフォロワーも、桁が一つ変わるほど増えているので、新しい部署を作ったりして、われわれも学びながらではありますが、お客様によりよい発信が出来るよう努力しています。

石川｜社外の変化や影響を感じられることはございますか。

山崎｜企業の社長さんなども、よく見に来てくれています。浜松市長にもオープン日にお越しいただきましたが、ここを中心にまちづくりや観光をぜひ力を入れてやっていきたいねとのお言葉をいただきました。先日は、浜松市がインバウンド向けのビデオを作るというので、ここに撮影に来ました。さらに驚いたことに、政府から、台湾に向けたfacebookのページにこの施設を載せたいから撮影させて欲しいと依頼が来ました。政府ということは、日本の中で見てもらいたい場所として取り上げていただいたのかなと、ありがたく思っています。

石川｜周りの方々もこれに触発されて、自ら少しずつ変わられたとお聞きしましたが。

山崎｜向かいのお店が、ここに合わせて店先に大きなカップをつくってくれましたし、外見もきれいにしてくれました。古い倉庫の壁を全部塗り直してくれたところもあります。最終的にみんなが賛同してくれて、ここが印象的な一角になったら嬉しく思います。

塩田｜建物が一つ建ったことによって周りが良くなっていくというのは、われわれにとっても最も誇らしいことです。

石川｜最後に私どもに期待することなどありましたらお聞かせ願えますか。

山崎｜最先端を走り続けている設計事務所なので、もっと人を喜ばせたり、もっと人が来てくれる建物を今後もつくり続けていかれると思っています。スカイツリーのような新しい発想のものを、世界中でつくっていかれることを期待しています。

塩田｜6年間やらせていただいて、春華堂さんのお客さんを喜ばせることに対する本気度を感じ取り、私たちもそうありたいと思いました。また、機会をいただけるのでしたらぜひ担当したいと思います。

NEW WORK-STYLING
新しい働き方を生み出す

オフィスという建築が生まれたのは産業革命時代だと言われています。それから 150 年程度経ち、単に人が働くための箱という機能だけでなく、オフィスに集まる意味やオフィス以外での働き方が模索されています。
このセクションでは COVID-19 の流行以前から働き方に関する新しい試みを行ってきたプロジェクトをご紹介いたします。

15

風景とのcollaboration

デンソーグローバル研修所・保養所「AQUAWINGS」
DENSO Global Training Center and Recreation Facility

建築主 | 株式会社デンソー
所在地 | 浜松市北区三ヶ日町
施工 | 大林組

浜名湖畔の丘陵に立地する、グローバル研修所です。
この研修所は保養所でもあるため、週末も多くの社員
に利用されています。
パノラマ状の風光明媚な景色が広がる地形を読み解き、
緩やかな流線形の平面が上階へ行くにつれセットバックし
ながら積層する構成としました。
研修参加者の主体的、創造的な活動を促し、記憶に残る
24時間滞在施設として、天空光を木漏れ日のように取
り込む吹き抜けを中心に、湖側、丘陵側へと自然と視
線が広がり、季節・時間・天候と共に移ろう美しい風景
と各エリアの活動シーンが透過し一体となる空間が誕
生しました。 （奥宮由美）

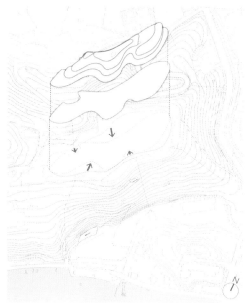

地形を活かした積層イメージ（コンペ提案時）

意匠 | 奥宮由美・眞庭 綾
ランドスケープ | 平山友子
FFE | 西田徹太郎／日建スペースデザイン

1｜浜名湖の夕景に溶け込む外観
2｜浜名湖に面した丘に立地する施設断面図
3｜周囲の風景と研修活動が透過し合う空間

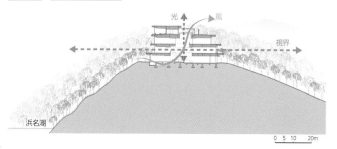

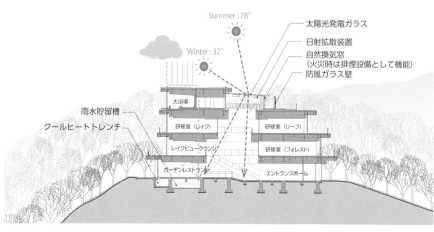

Summer : 78°

Winter : 32°

太陽光発電ガラス

日射拡散装置

自然換気窓
（火災時は排煙設備として機能）

防風ガラス壁

雨水貯留槽

クールヒートトレンチ

大浴場

研修室（レイク）

研修室（リーフ）

レイクビューラウンジ

研修室（フォレスト）

ガーデンレストラン

エントランスホール

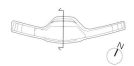

N

1｜木漏れ日のような自然光が降り注ぐエントランスホール
2｜夕暮れ時のワンシーンのエントランスホール
3｜浜名湖を望む2階テラスとラウンジ
4｜曲線と木の温もりが導く宿泊室廊下
5｜環境断面図

	2
1	3
5	4

16 出会いと交流を促進する
ウェルネススポット

デンソー新厚生センター「ミライマ・テラス」
DENSO miraimaterrace

建築主	株式会社デンソー
所在地	愛知県刈谷市昭和町
施工	奥村組

デンソー本社敷地内に建つ福利厚生施設です。
施設名称である「ミライマ・テラス」は、社員の未来と今
を照らす場所として、多くの人が集い、出会いと交流が
生まれるウェルネススポットを目指しています。分散して
いた5つの用途をアクティビティに相応しいフロアに積層
し、動線の結節点となる南東角には各階をつなぐ吹き抜
けと階段で立体的につながる居心地の良い「居間(リビン
グ)」を設けました。テラスによって活動が外に溢れ、仕
事終わり時には内部の活動が浮かび上がるデザイン
としています。 　　　　　　　　　　　　（鈴木豊一郎）

多様なアクティビティ・ユーザーを集約

「いま」
今・居間

各階を立体的につなぐ「居間」

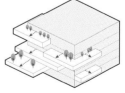

「てらす」
テラス・照らす

「テラス」を引き出し、魅力的な活動を「照らす」

意匠	鈴木豊一郎・山口薫平
監理	日比 昇
FFE	谷垣浩一／日建スペースデザイン

1

| 2 | 3 |

1 | 内部空間が浮かび上がり人々を
　　誘引する夕景外観
2 | 全階をつなぐ吹き抜け階段
3 | アクティビティが集まる
　　「つながる場」

17

「創造∞実証」を具現化する
富士事業所のシンボル

イーサード
e-THIRD

建築主　東芝キヤリア株式会社
所在地　静岡県富士市蓼原
施工　鹿島建設

建屋での実証展示によるブランド力強化を目的とした、
富士事業所のシンボルです。
平面プランと設備計画は共に東西対称で計画し、自社製
の異なる空調方式を採用することにより空調システム
の比較検証や、実証によるシステム変更・更新性を高め、
機器の挙動やエネルギーの消費量、室内環境の実測
データを蓄積することにより、新製品開発などに活用する
計画としました。実証オフィスの東西には設備バルコニー
を設け、設備更新が容易に行えるようにも配慮しました。
オフィスの東西面は、窓のない断熱性の高い壁面とし、
眺望を重視した南北面はLow-E複層ガラス、水平庇、
簡易エアフローによる日射遮蔽を行って負荷を抑制し
ました。照明は全館LED照明とし、実証オフィスを含む
複数のエリアでは画像センサによる連動制御を行いま
した。3・4階中央部の階段やステージ吹き抜け上部の
ハイサイド窓を利用した自然採光・自然換気システム、
豊富な井戸水による水資源の自立など、自然エネルギー
の有効利用にも配慮しました。　　　　　　（西山史記）

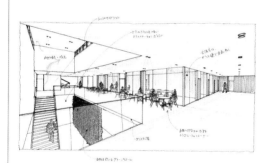

コラボレーションボイド検討スケッチ

意匠　冨田彰次・荒川康弘
設備　西山史記
監理　原田淳司

1｜外観南東面
2｜4階実証オフィス
3｜3階プレイステージ
4｜3階試験室

	1	
2	3	4

18 駅前にふさわしい風格

名古屋三井ビルディング北館
Nagoya Mitsui Building North Building

建築主	三井不動産株式会社
所在地	名古屋市中村区名駅
施工	竹中工務店

名古屋における同社のフラグシップオフィスビルです。
ラグジュアリーブランドが軒を連ねる名駅通りと、ビジネス
街である錦通りの結節点に位置します。
高さ100mのビルでありながら名古屋駅周辺の超高層
群の中でも存在感を示し、街の格を高めることを目指
しました。
外観はコーナーをハイライトして特徴を持たせ、グレード感
を効果的に高めています。
また縦長の短冊状に分割した外装で包むことで、高さ
を強調するスマートな印象を生み出しました。
足元では花こう岩の柱で重量感を表現し、オフィス
エントランスと様々な商業ファサード全てを束ね、ビル
全体のデザインの中に調和させました。　（塩田哲也）

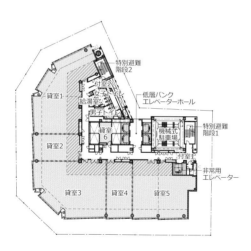

基準階平面図　1/1000

意匠	塩田哲也・小野竜也
監理	砂田竜男
CR	安藤渉二

1｜自然石の深い彫込でハイライトしたコーナー部
2｜コーナー部を浮かび上がらせるライトアップ

	1	
2		3

1 | 強調された柱で統一感ある姿
にまとめられた低層部が街並
みをつくる
2・3 | 街並みを演出するオフィス
エントランス

19

ワークスタイルを育み、ものづくりを変えるプラットフォーム

ヤマハモーター・イノベーションセンター
Yamaha Motor Innovation Center

建築主 ヤマハ発動機株式会社
所在地 静岡県磐田市新貝
施工 安藤・間

グローバル企業であるヤマハ発動機グループのデザインの司令塔として、製品デザイン開発の環境整備、デザイナーとエンジニアの連携強化を目的に計画された先行デザインの研究開発拠点です。設計プロセスと並行して、デザイン本部のデザイナーやエンジニアと望ましい働き方について議論を交わし、「Double Decker Design Approach」というワークスタイルコンセプトを導き出しました。それを実現するため、アイディアを生む場とそれを形にするものづくりの場を吹き抜けと階段でダイレクトにつないだ「立体的なワンルーム」とし、その中心にコミュニケーションの拠点となる「ダンスフロア」を据えました。

五感全体で発想してものづくりをするデザイナーやエンジニアのマインドをかきたてるように、メカニカルな設えの空間にはアクティビティを促す様々な仕掛けを設けて、その仕掛けや居場所を自らカスタマイズできる余白を持たせています。アイディアを形にするものづくりの場では、アイディアから完成に至るあらゆるフェーズの試作検討が可能で、手を使ってフィジカルにものづくりと向き合うことができます。ここで生まれた製品は、最上階のプレゼンテーションシアターでヤマハ哲学と共に世界に発信されます。また、構造架構と設備機器によるユニットを面的に反復配置した大きなワンルームは、次代のワークスタイルの変化に柔軟に対応できる高いフレキシビリティがあり、最短距離でインフラ供給している設備バルコニーと階段室を建物外周部に分散配置して、メカニカルな外観としました。　　　　（津田文）

Double Decker Design Approach のダイアグラム

意匠 小谷陽次郎
アクティビティデザイン 津田 文
構造 長山暢宏
設備 横井繁明

1｜コミュニケーションの拠点となる「ダンスフロア」
2｜シームレスに場を行き来できる「立体的なワンルーム」
3｜2輪から4輪までマルチな開発が可能なクレイルーム
4｜限定された開口部から光が漏れる

クライアントインタビュー｜ヤマハモーター・イノベーションセンター

長屋明浩 ヤマハ発動機株式会社 クリエイティブ本部本部長※ × 津田 文 設計部門アソシエイトアーキテクト

× 杉山真代 クライアント・リレーション＆マネジメント部門アソシエイトマネージャー

長屋明浩｜ながや・あきひろ

1960年名古屋市生まれ。1983年愛知県立芸術大学卒業。同年トヨタ自動車入社。カーデザイナーとしてレクサスおよびトヨタ基幹モデルのデザインを手がける。米国勤務やトヨタデザイン部長を経て、2014年ヤマハ発動機に入社し、デザイン本部長就任。2015年より執行役員。2020年デザイン本部を再編し、クリエイティブ本部が発足。※取材当時

津田 文（つだ・ふみ）／杉山真代（すぎやま・まさよ）

当時のワークショップの様子

津田｜完成から約5年経って、働かれている方の意識や働き方は、当初からどのように変化されましたか。

長屋｜この建物は壁を取り去って立体的ワンルームにするというコンセプトでつくっていただいていますが、その意図は概ね達成できていると感じます。広い空間によってオープンマインドになるのは間違いありませんし、視野を拡げてくれるという感覚があります。空間が人に与える影響は想定した以上に大きかったと思います。

津田｜最初のコンセプトデザインのフェーズに多くの社員の方に関わっていただき、ワークショップなどでご協力いただきましたが、プロセスに関わっていただいたことにはどういった効果があったでしょうか。

長屋｜NAD（NIKKEN ACTIVITY DESIGN lab）さんと当社の社員が一緒になって、望ましい働き方について時間をかけて議論をしてきたので、ここは皆でつくった、一人ひとりがオーナーだという自負があります。この建物は僕らの作品だと思っています。新しい施設を与えてもらっても、自分たちが愛着を持てないとそれで終わってしまいますよね。ここに関わった社員は皆、この建物をどう使えばよいか説明されなくても分かるわけです。こうした空間の共有がオーナーシップであり、それを醸成できたことが良かったと思います。

杉山｜コンセプトをデザインするというお仕事をいただくまでに、ヤマハ発動機さんの内部だけで検討すればよいというお考えはなかったのでしょうか？

長屋｜全然無かったですね。われわれの仕事の仕方も、対象物をデザインする前に、その概念やバリューを構築することに時間をかけています。自分たちが今後使っていく場所なので、作り手の方とその過程を踏むのは当然のことで、NADの存在意義はそこにあると思います。

津田｜この建物へ他部署の方を引き入れて一緒に製品を開発されたと伺ったのですが、製品をつくるプロセスや他部署の方とのコミュニケーションの仕方は変わりましたか。

長屋｜もともと、ここの本部員の人数からすると建物が広くしてあり、あとは他部署から連れて来ようというのが狙いです。そして現実にそうなっています。一緒にやらなければいけない時期に他部署がこの建物へ引っ越して来て、プロジェクトが終わると出て行っています。たとえば少し前まではものづくりが僕らのコアだったので、技術研究部門が居ましたが、今はIT・デジタルの戦略部門が入っています。

私の部署のタイトルが2020年にデザイン本部からクリエイティブ本部に変わっていますが、まさしく「デザイン」を改変するということをやってきたわけです。意味があるものをつくるには、対象物の前にその元になっている概念をデザインしなければならない。そのためには遡って前工程のプランニングからコラボレーションをする必要があり、ここはそのためにつくった建物です。ここで他部署の人と集まってワークショップができるのは機能として大きいですよ。とくに2階のリラックスエリアは、よくワークショップに使われています。今は集まってものをつくるというフェーズから、一緒に「考え方」をつくることが一つのポイントになってきていると思います。

もう一つ大きな効果は、これを金字塔にしたということです。つまりこういう企業施設や働き方が存在しうるということを会社に教えたのです。たとえば僕らとコラボワークしている人事部は、僕らの影響を受けて、本来の人事企画というクリエイティブワークにシフトしてきています。そして人事部がつくろうとしているオフィスも、やはりここの影響を受けている。このように他部署が見に来て、影響を受けて帰るのです。同時にその部署の建物が刷新されるときに、ここのエッセンスが入っていくということです。そして会社がどんどんフレキシブル思想に変わっていく。そういう金字塔効果が、意外に一番大きな要素かもしれません。

津田｜働き方やマインドも、ここから波及して全体に浸透していくということですね。

杉山｜最後に、日建設計に今後ご期待いただけることがありましたら、お聞かせ願えますか。

長屋｜今、職業や業界のボーダーが無くなってきています。モビリティも単体で成り立っているわけではなく、結局全部のつながりをシステムで考えなければならない。ということは、うちは建築業界とかうちはモビリティ業界とか言えなくなってくるわけで、将来期待することは、一緒にやりませんか、ですね（笑）。われわれは長期ビジョンのサブワードとして、「人はもっと幸せになれる」と言っています。この目標は皆同じです。そこで業界というボーダーを外して、連合軍でやっていけるといいなと思います。

杉山｜ぜひご一緒させていただけたらと思います。今日は大変貴重なお話をありがとうございました。

ANCHORING
地域に根付く

建物を計画する際には、計画地およびその周辺環境の
コンテクストの読み解きを行います。現代では
それに加え、その建物が地域にどのような貢献が
できるかなど、地域の方との関わり方に関する
提案も不可欠です。
このセクションでは、地域との関係性を深めるための
提案を盛り込んだプロジェクトをご紹介します。

20 石川の芸術に癒される
療養環境

石川県立中央病院
Ishikawa Prefectural Central Hospital

建築主　石川県
所在地　石川県金沢市鞍月東
施工　大成建設・トーケン・表組・鈴木建設・丸西組・石田工業 JV
　　　みづほ工業・橘建設・本田工務店 JV

石川県の基幹病院として県民医療の砦となる、救急医療、周産期医療、高度がん医療を中心として推進する総合病院です。

先進の高度専門医療を提供するために、手術、ICU、HCU、救急病棟の手術関連部門と分娩室、MFICU、産科病棟、NICU、GCUの「総合周産期母子医療センター」をワンフロアに集約しました。

加賀友禅、輪島塗などの工芸作品、九谷焼陶板壁、地元絵本作家のアート、加賀五彩配色のサイン、能登ヒバのルーバーを院内に展開し、石川らしい療養環境としています。　　　　　　　　　　（稲垣宣徳）

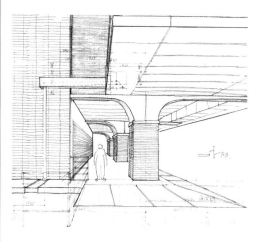

大庇検討スケッチ

意匠　橘高宗平・稲垣宣徳・深尾 真
構造　森下洋志

1 | 南側より外観を望む
2 | 雨、雪の日でも患者をやさしく迎える大庇
3 | 全景

	1
2	3

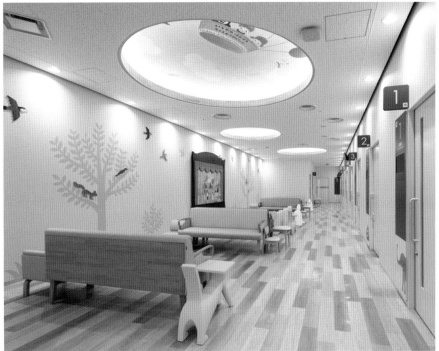

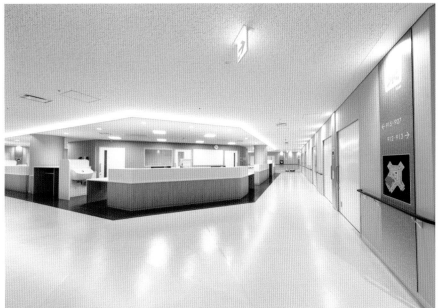

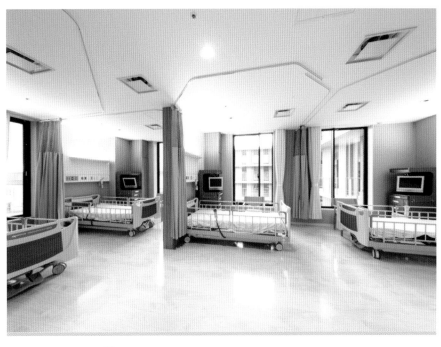

		2
	1	3
5 6	7 8	4

1｜伝統工芸ウォール（九谷焼陶板壁）
2｜絵本作家によるアートを展開した小児外来
3｜病室に囲まれたスタッフステーション
4｜全ての患者をひと目で見られる個室的4床室
5｜「金花詰」牡丹、椿、梅、桔梗、山茶花、菊、蝋梅等
6｜「釉裏金彩」杜若、藤、霧島つつじ等
7｜設置場所に実物大下絵を掲げ作家とともに意匠を確認
8｜完成品の陶板1枚1枚の配置を吟味

21

駅前空間に賑わいをもたらし、街の顔となるライトアップ

富山銀行本店
Bank of Toyama

建築主　株式会社富山銀行
所在地　富山県高岡市下関町
共同監理　三四五建築研究所
施工　清水建設・佐藤工業・石黒建設・寺崎工業・砺波工業 JV

近代以降、「金属のまち」として有名な高岡の象徴として
水平アルミルーバーを設え、駅前空間という街の玄関口
にふさわしい外観としました。

また、特徴的なルーバーを生かしながら「高岡の伝統
文化」「自然」「四季」を表現したライトアップを施すこと
で、地域の賑わい創出に寄与しつつ、地域に根付く銀行
本店として市民に愛される存在となることを目指してい
ます。

さらに、ファサードの中央部分で斜めに入る稜線は、
立山連峰の雄大な山体を稜線一本で抽象化した造形
で、無個性になりがちな大型オフィス建築のファサード
に、上品でありながらシンプルに個性を与える手法と
して選択しました。　　　　　　　　　　（江里口宗麟）

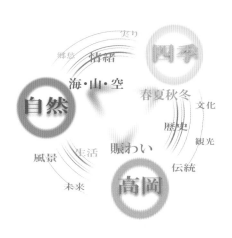

ライトアップコンセプト

意匠　大西由希子・江里口宗麟
設備　菱田 誠・上野大輔

	1	
2	3-1	3-2
	3-3	3-4

1｜ルーバーを柔らかく照らす光は動きの緩やかさ、
　　光の量にこだわり「上品」を追及している
2｜「金属のまち」を象徴する駅前の外観
3｜地域の賑わい創出につながるライトアップ
　　1＿瑞龍寺ライトアップ（2月）
　　2＿高岡御車山祭り（4月）
　　3＿七夕祭り（7月）
　　4＿万葉まつり（10月）

22 やわらかにたなびく バルコニー

豊田地域医療センター
Toyota Regional Medical Center

建築主	豊田市
所在地	愛知県豊田市西山町
施工	鴻池組・太啓建設 JV

やわらかにたなびくバルコニーは、病室への日射コントロールや効率的な空調屋外機設置の機能とともに、リズミカルで躍動的なフォルムによってリハビリテラスで気持ちよく訓練できることを願って計画しています。リハビリテラスは地域に寄り添うコミュニティホスピタルのシンボルであり、同フロアにあるリハビリ部門と外構の散歩道(2022年末整備完了予定)をつなぎ、回復状況によって選べるリハビリ環境の軸を担っています。外来エントランスホールの地産すぎ・ひのきによる木壁にもやわらかな曲面を取り入れ、こころやすらぐ診療環境を演出しています。　　　　　　　（白石記之）

外構整備完了時配置図

意匠	白石記之・喜吉洋介・八木涼平
設備	中島勝美

1｜リハビリテラスと病棟バルコニー
2｜バルコニーの夕景
3｜外来エントランスホール

23

地域に開く大らかな屋根

浜松いわた信用金庫 竜洋支店
Hamamatsu Iwata Shinkin Bank Ryuyo Branch

建築主 　浜松磐田信用金庫
所在地 　静岡県磐田市豊岡
施工 　　イトー

磐田市内の国道と住宅街の間に位置する支店です。
RC曲面壁と地場産材で仕上げた曲面屋根により、地域
の人々を出迎える大らかな外観デザインとしました。
軒下のイベントスペースやギャラリー、窓口業務終了後
も開放されるロビーなど、滞在可能な居場所を設け、
地域に根差した金融機関の支店を目指しました。

（藤田俊洋）

意匠 　藤田俊洋
設備 　青木一晃
監理 　高瀬泰明

1 ｜ 正面ファサード
2 ｜ ロビー
3 ｜ 大通り側夕景

24

遠州地域の風景を纏う建築

浜松いわた信用金庫 原島支店・天王支店
Hamamatsu Iwata Shinkin Bank Barajima Branch/Tennou Branch

建築主 　浜松磐田信用金庫
所在地 　浜松市東区原島町
施工 　　須山建設・釜慶鉄工 JV

浜松市内の住宅が建ち並ぶ場所に位置する支店です。
外観は遠州地域の波や風の周期性をパターン変換した
列柱空間で、歩車分離機能を併せ持ちます。
列柱コンクリート表面は"ビシャンノロ掛け"、重厚感と
共に柔らかさを感じられる表情としました。
ロビーは木調(天竜杉)のパターンが感じられる設えとし、
温かみと内外の一体感を感じる空間としました。

（神山義浩）

意匠 　神山義浩・李 双
監理 　関根幹彦

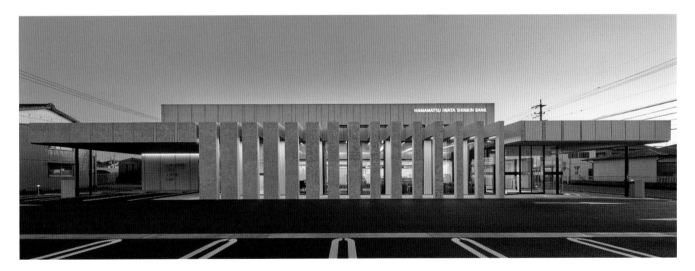

1｜列柱 （ビシャンノロ掛け）
2｜正面ファサード
3｜ロビー

25

歴史ある景観地に立つ
老舗ホテル再生の基点

高山グリーンホテル 桜凛閣
Takayama Green Hotel Orinkaku

建築主　京王電鉄株式会社
所在地　岐阜県高山市西之一色町
施工　　鹿島建設

高山地域を代表する歴史ある高山グリーンホテルに
新たに誕生した、客室101室・宴会場・レストランから
なる新館棟です。
外観は、日本アルプスの山並みを望むために最大化
された客室窓と伸びやかな庇の陰影による伝統と品格
のある構えとしました。
インテリアコンセプトは、四季だけでは表せない高山の
自然の豊かさを表現すべく『Five seasons－高山五季－』
とし、高山の魅力を感じさせるデザインを随所に散り
ばめています。　　　　　　　　　　　　（坂野真理子）

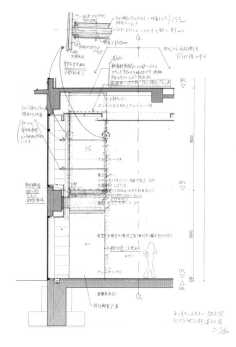

エントランスロビー独立壁 化粧梁上部

意匠　小堺一樹・坂野真理子・坂上敏啓

1 | 大きな窓と伸びやかな庇による端正な外観
2 | 宴会場ロビーとエントランスホールを彩るアートウォール
3 | 高山の星空をイメージした吊照明が輝くレストラン
4 | 高山の景色を楽しめる窓際スペースを配した客室

26

明日も来たくなる、もうひとつのお家

椙山女学園大学附属椙山こども園
Sugiyama Jogakuen University Affiliated Sugiyama Kodomoen

建築主　学校法人椙山女学園
所在地　名古屋市名東区にじが丘
施工　　矢作建設工業

大学のキャンパスの隣に建つ、大学附属の幼保連携型認定こども園の新築計画です。

建物は雁行させ、キャンパス沿道からつづく既存の桜並木との間に空間を生み、アプローチを計画しました。敷地いっぱいに広がる屋根は住宅スケールに分節し、大学の大きな建築群と裾野に広がる戸建住宅群をつなぎ、街並みの連続性を創出しました。

建物はイエ型を用いて、屋根・壁をアスファルトシングルでくるみ、独創的で愛嬌のある外観としました。活動拠点となる保育室は、稜線が徐々に開いていく曲率を持った寄棟形状の天井として、その隙間に照明を仕込みました。

「絵本に親しみ、豊かな心を育てる」という教育理念のもと、絵本や作品展示ができる棚を建具と一体的にデザインし各所に展開しました。様々な出会いがあり、異学齢が刺激し合う計画を目指しました。（矢吹和也）

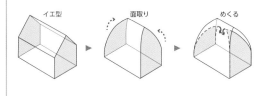

イエ型　　面取り　　めくる

保育室の形態のなりたち

意匠　金子公亮・矢吹和也

1｜前面道路から見た建物全景
2｜桜のトンネルを通り抜けるアプローチ
3｜こどもたちが楽しめる仕掛けを
　　散りばめた共用部
4｜4歳児保育室内観

1	
2	4
3	

27 | 潤いと彩をまとう
至高の都心居住

プラウドタワー名古屋久屋大通公園
Proud Tower Nagoya Hisaya Oodoori Kouen

建築主 | 野村不動産株式会社
所在地 | 名古屋市東区泉
設計 | 日建ハウジングシステム
施工 | 三井住友建設

久屋大通公園近く、その昔に武家屋敷が立ち並んでいた街に建つ地上22階RC造、総戸数149戸の免震高層集合住宅です。本建物は道路との間に空地を設け、武家屋敷の格式ある街並みを彷彿させる歴史を継承する石張り門構えのゲート空間を設置しました。ゲートをくぐり、シマトネリコやソヨゴの木々が立ち並ぶ20m程のアプローチを通ると、住宅のエントランスが現れます。都心の喧噪から離れ、木々で季節を感じ、潤いある空間にて毎日住人を迎えいれ、安らぎや豊かさを生み出す住宅となっています。
外観は柱梁のアウトフレームを、水平ラインを強調したデザインとし、リズミカルさを表現し、街になじむファサードを構成しました。住宅のプランバリエーションは、40㎡1LDK〜150㎡3LDKと豊富で、多世代の人々が多様な暮らしを実現できる集合住宅としています。

（前田賢一／日建ハウジングシステム）

潤いと彩をあらわす material

意匠 | 北條隆幸・吉岡智子・前田賢一／日建ハウジングシステム

1｜エントランスゲート夕景
2｜エントランスホール
3｜全景

| 1 | 3 |
| 2 | |

28 地域特性から導く
コスト・品質の最適バランス

JPタワー名古屋
J P Tower Nagoya

建築主　日本郵便株式会社、名工建設株式会社
所在地　名古屋市中村区名駅
CM　日建設計コンストラクション・マネジメント
設計　日本設計
施工　竹中工務店

名古屋駅直北の旧名古屋中央郵便局敷地を含む一帯
における、日本郵便・名工建設の共同開発プロジェクト
です。名古屋駅前という狭いオフィスマーケットに、同
時期に新たな4つの超高層オフィスが完成する状況に
あり、非常に難しいプロジェクト運営・判断が求められ
ました。
本プロジェクトにおける最大の目標は『名古屋マーケット
で成立するオフィスを完成させる』ことであり、言い換え
れば『決めたオフィス仕様の発注を如何にターゲットプ
ライスで実現するか』でもありました。建設プロジェクト
には必ず地域特性があり、その内容を熟知したうえで
プロジェクト運営をすることが重要となります。特に賃貸
オフィスにおいては、マーケットの要求に応える商品価値
の確保が最重要課題であり、ターゲットプライスとの
バランスを判断しつつ、オフィス仕様を決定する必要
があります。最適なオフィス仕様の設定と判断を行い、
CMrとして設計者では気付き難い計画案への提案も
積極的に行いました。さらに、工事発注に関して、戦略
立案から発注業務まで先頭に立って推し進めました。
WTO政府調達協定対象であったため、新たな手法と
して『JP(日本郵便)式ECI的発注方式』を提案。昨今の
官庁発注で事例が増えているECI方式的な内容を
2012年4月の時点で実施したこととなります。
事業者として新たな事業展開を行う場合、アウトソーシング
に頼るだけでなく内部へのノウハウ蓄積も重要となり
ます。CMrと共同することで、高度な実務の経験、各種
運用のスタンダード化など今後の事業展開へのノウハウ
蓄積に寄与しました。
(熊本智子／日建設計コンストラクション・マネジメント)

1｜全景
2｜アトリウム
3｜オフィスワーカー専用の13階ラウンジ
4｜外観南東面
5｜プロジェクト体制表
6｜発注後に施工者の協力を得て実施設計を見直す
　　ECI的発注方式

CM　田中康範・藤井真人・熊本智子
　　／日建設計コンストラクション・マネジメント

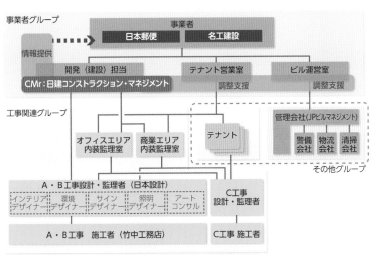

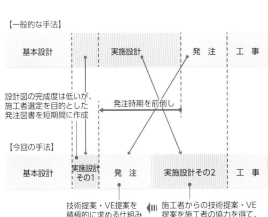

事業者グループ

事業者

日本郵便　名工建設

情報提供

開発（建設）担当　テナント営業室　ビル運営室

CMr：日建コンストラクション・マネジメント

調整支援　調整支援

工事関連グループ

オフィスエリア　商業エリア　テナント　管理会社(JPビルマネジメント)
内装監理室　内装監理室

警備　物流　清掃
会社　会社　会社

その他グループ

A・B工事設計・監理者（日本設計）　C工事
設計・監理者

インテリア　環境　サイン　照明　アート
デザイナー　デザイナー　デザイナー　デザイナー　コンサル

A・B工事 施工者（竹中工務店）　C工事 施工者

【一般的な手法】

基本設計　実施設計　発注　工事

設計図の完成度は低いが、　　発注時期を前倒し
施工者選定を目的とした
発注図書を短期間に作成

【今回の手法】

基本設計　実施設計　発注　実施設計その2　工事
　　　　　その1

技術提案・VE提案を　◀||　施工者からの技術提案・VE
積極的に求める仕組み　　　提案を施工者の協力を得て、
　　　　　　　　　　　　　設計に反映する期間を確保

29

城下町の伊賀らしさを表現したローコスト庁舎

伊賀市庁舎
Iga City Hall

建築主	伊賀市
所在地	三重県伊賀市四十九町
施工	鴻池組・山一建設 JV

伊賀の城下町を連想させる深い軒と無彩色の外観としました。

低く抑えた高さと彫の深い外壁面は建物の威圧感を抑制し、山並みや眺望へ配慮しつつ、田園風景への馴染みやすさを具現化しました。

整形な外郭と天窓を備えた吹き抜けのある口の字型プランは、庁舎内全域への明るさや利用者の視認性、利便性を確保しています。

間仕切り壁の最少化とプランの可変性確保、外装庇による環境負荷と維持管理の軽減など、計画の全てがライフサイクルコスト低減のためにデザインされています。

「デザインとコストの融合が付加価値を生む」
　　機能／コスト＝価値
市長、市職員、受注者、設計監理者が一丸となり、機能とデザイン、そしてコストの合理化を進めました。利用者の安全性確保を最優先し、徹底した無駄の排除と免振構造化を実現するなど、建物の機能とコストのバランスを高次元で融合しました。　　　　（中島正樹）

意匠	廣瀬文昭
コスト	片山孝志
監理	中島正樹・丸山拓也

1 | 外観南西面
2 | 外観南面夜景
3 | エントランスホール
4 | 議場

クライアントインタビュー｜伊賀市庁舎

岡本 栄 伊賀市 市長 × 廣瀬文昭 設計部門アソシエイトアーキテクト

× 川島弘義 クライアント・リレーション＆マネジメント部門シニアマネージャー

岡本 栄｜おかもと・さかえ

1951年生まれ。早稲田大学教育学部卒業。1974年関西テレビ放送入社。1999年神戸女子大学非常勤講師就任。2011年関西テレビ放送退社。2012年帝塚山大学非常勤講師就任。同年神戸女子大学非常勤講師退任、帝塚山大学非常勤講師退任。同年11月伊賀市長就任。現在3期目在任中。

廣瀬文昭（ひろせ・ふみあき）／川島弘義（かわしま・ひろよし）

市庁舎南西より

廣瀬｜新庁舎は「伊賀の歴史・風土に学び、市民のつながりを大切にする庁舎」というコンセプトのもと市長や市のご担当と打ち合せを重ね、設計を進めさせていただきました。

岡本｜伊賀市には、伊賀上野城内だった丸之内の周りに、生きた建築博物館のように、西の方から江戸時代後期の旧藩校、その後方には、県内最古の小学校横に明治中期の中学校、坂倉準三さん設計の昭和モダニズム建築、それから忍者市駅が愛称の大正時代の上野市駅と、時代を代表する建物があります。そしてこの伊賀市庁舎が平成の建築です。この市庁舎は三重県建築賞知事賞や照明普及賞もいただき、後世に誇れるものになったと思っています。

廣瀬｜2012年に、坂倉準三氏設計の伊賀市北庁舎と中央公民館の記録保存業務を担当させていただき、図面や記録写真の撮影、模型の作成などを行いました。現地調査で公民館に入らせていただいた際に、2階の壁に子どもの文字で「今まで、ありがとうございました」と書いてあるのを見て、これだけ市民に愛され、かつ設計者の思いが伝わってくる立派な建物を壊すのだから、その分、市民の方々に喜ばれる庁舎をつくらなくてはいけないと思いました。

岡本｜公民館は残念なことに最初に壊されてしまいましたね。私は旧市役所の保存活動をしていたことから今の立場にいるのですが、そういう思いを共有していただいてこの建物が出来たということは、先人の思いの強さ、文化継承の大切さを感じます。私が小学生のときに、先生が隣の小学校について「この建物は有名な先生が設計した良いものなんだよ」と教えてくれました。それは半世紀以上経っても私の心の中に生きています。

伊賀市の近代建築群は、「日本の20世紀遺産20選」の一つに入れていただきました。伊賀は歴史や伝統・文化の深い所ですから、これからも新しい時代の建築文化を残していきたいと思います。

廣瀬｜新庁舎の計画時には、市長からアイデアをいただくことも多かったですね。

岡本｜伊賀の歴史風土に合った庁舎ということで、山並みとのマッチング、瓦、忍者文化など色々なものを考えていただきました。伊賀は、実は京都文化圏なのです。そういう意味では、縦繁の部分とかルーバーの"モダン和"が、この地域の伝統文化を目指したもので、良い雰囲気になりました。

廣瀬｜エントランスホールは来庁される方が必ず目にする空間のため、地場産の木を使い、伊賀らしさを表現できないかご相談を受けました。使える木材の量は限られていましたので、市民の主要動線となる吹抜け回りの天井部のみに木ルーバーを追加設置することを採用いただきました。このように、市民の方がご利用になるところには"見せる"ものを

効率良く使い、ご自身や職員のエリアには無駄な仕上げをしない、という方針で徹底されていました。

川島｜市長自ら旗振り役となって、様々なコストカットをなさったわけですが、その辺で気を使われた部分はございますか。

岡本｜出来るだけ長く使えるようにということと、無駄なことはしないということです。たとえば、天井を貼らなかったので、かえって空間が広がって圧迫感も無く、職員は喜んでいます。素材の選択とか使い方も工夫していただいて、今までに無いものが出来ました。地域の防災拠点として、地域初の免震構造にもなっています。

常に思っているのは、限られた資源の中でベストになるようにということです。そういう意味で誇らしいものになったと思います。この建物は、公共建築の一つのモデルになると思いますよ。

廣瀬｜設計時、市長と設計チームの間で、建物コンセプトとは別に、「華美ではなく質実剛健な庁舎を計画する」という設計テーマを設けました。これは無駄なコストをかけないことが主目的でしたが、結果として、鉄骨の溶融亜鉛メッキや釉薬を施した外装タイルなど、建材自体の持つ力強さや美しさを前面に出すことで、余計な塗装や仕上げを省いた質実剛健な外観を実現することができました。

川島｜小学生の児童が、よく社会見学に来られると伺いました。

岡本｜皆喜んで見て帰りますよ。何らかの印象を持ち帰って、それを心に留めて育ってくれたら嬉しいですね。

川島｜市長が小学校の先生から校舎について学んだことを、今の小学生たちはこの市庁舎を見て学んでいるのだろうと思います。

岡本｜私たちの世代にはそういう先生がいたけれど、その後そういう伝承が無くなってしまったので、「壊せ」と平気で言う人たちが出てきたのです。教育というか文化を伝えていくことの大切さをまざまざと感じます。

川島｜最後に、公共建築に対して、今後設計事務所が取り組むべきことは何か、市長がお気づきの点があればお教えいただけますか。

岡本｜その土地の人の思いを汲み上げて形にしていく、ということでしょうね。デザインであれ機能であれ、地域の人が誇らしく思えるものをつくること。もう一つ、世界性、広い視野を持つことが必要だと思います。その土地だけにこだわって十年一日のごとくなるのではなく、時代性があっていい訳ですから。先ほど言った丸之内の生きた建築博物館のように、それぞれが時代を象徴していて、しかも誇らしいランドマークになっていて、後世に残っている。それが公共建築ですよね。

川島｜地域性、時代性、世界性をリードしていくのが公共建築なのですね。本日はお時間をいただき、ありがとうございました。

SUSTAINING
持続可能な社会を目指す

2020年に表明された「カーボンニュートラル宣言」
では温室効果ガス削減目標が大幅に引き上げられる
など、カーボンニュートラルの実現に向けて世の中
が急激に変わりつつあります。日建設計は2021年
「気候非常事態宣言」を表明し、民間企業の立場
から経済活動と脱炭素社会実現の両立を模索し
社会に働きかけていく活動を始めています。
このセクションではカーボンニュートラルや環境
配慮などを先駆的に取り組んできたプロジェクトに
加え、既存建物の長寿命化を試みたプロジェクトを
ご紹介いたします。

30

生徒自身が実現する
ゼロエネルギースクール

瑞浪北中学校
Mizunamikita Juniour High School

建築主　瑞浪市
所在地　岐阜県瑞浪市土岐町
施工　　岐建・中島工務店・青協建設 JV

文部科学省のスーパーエコスクール実証事業に認証され、様々な瑞浪らしい環境技術を整備し、生徒自身がコントロールしてゼロエネルギーを実現する中学校です。竣工後1年間の一次エネルギー消費量について実測を行い、ネット・ゼロエネルギー（ZEB)を日本の学校で初めて達成しました。

地形を生かした伸びやかな配置とし、内部は、登り窯状の階段とラーニングコモンズがコミュニケーションの場となります。普通教室は全て最上階に設置し、南北両面からの自然採光と、クールトレンチからの自然換気を取り入れました。木造梁やフローリングなど、内部は岐阜県産材に包まれた空間としました。　　（村井健治）

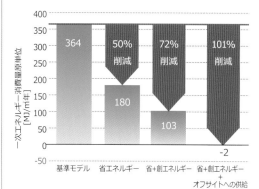

一次エネルギー消費量原単位 [MJ/m²年]

- 基準モデル: 364
- 省エネルギー: 180（50%削減）
- 省+創エネルギー: 103（72%削減）
- 省+創エネルギー+オフサイトへの供給: -2（101%削減）

2019.09～2020.08 の一次エネルギー消費量実測値

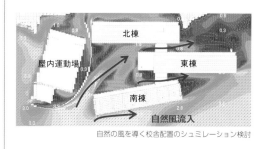

北棟
東棟
南棟
屋内運動場
自然風流入

自然の風を導く校舎配置のシュミレーション検討

意匠　岡田宏介・村井健治
設備　佐藤孝広・上野大輔

1｜山並みに囲まれ、中庭の緑を包み込む校舎
2｜校舎内各所のエコツール

1

2

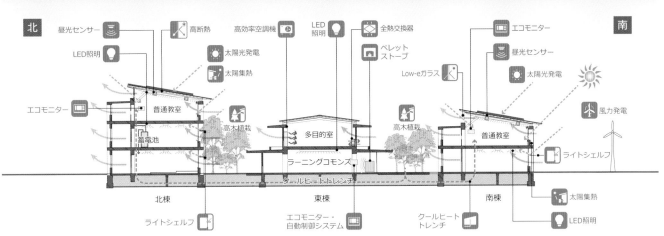

北　　南

昼光センサー　　　高断熱　　　高効率空調機　　　LED照明　　　全熱交換器　　　エコモニター

LED照明　　　太陽光発電　　　ペレットストーブ　　　昼光センサー

太陽集熱　　　Low-eガラス　　　太陽光発電

エコモニター　　　普通教室　　　風力発電

蓄電池　　　高木植栽　　　多目的室　　　高木植栽　　　普通教室

ラーニングコモンズ　　　ライトシェルフ

クールヒートトレンチ　　　太陽集熱

北棟　　　東棟　　　南棟

ライトシェルフ　　　エコモニター・自動制御システム　　　クールヒートトレンチ　　　LED照明

1｜校舎内の自然換気を促進する「登り窯」型の階段
2｜エコモニターを見ながら生徒自身が室内環境を調節
3｜クールヒートトレンチからの空気を吹き出すロッカー
4｜勾配屋根と瑞浪市産のタイルが迎える正門
5｜中庭に面し、木の梁に包まれた多目的室

		2
	1	3
4		5

31

工場排熱を再利用するZEBを
目指した環境建築

日本ガイシ 瑞穂新事務棟
NGK Insulators, Ltd. Mizuho Newbuilding

建築主	日本ガイシ株式会社
所在地	名古屋市瑞穂区須田町
PM	日建設計コンストラクション・マネジメント
施工	鹿島建設

ZEB・新しい働き方・イノベーションを実現するための
NGKオフィスの次世代モデルとして計画しました。
水平庇・エコボイド・クールチューブ・天井放射空調の
他に、今までは捨てていた工場の焼成炉から発生する
余剰排熱を空調・給湯に最大限に利用しています。
敷地特性を活かした省エネ手法によりZEB-Ready達成
が可能な環境建築が実現しました。　　　（宮本順平）

意匠	宮本順平
監理	小阪淳也
PM	中井達也／日建設計コンストラクション・マネジメント

32

社員の交流を高める
既存施設のリノベーション

日本ガイシ 熱田厚生棟
NGK Insulators, Ltd. Atsuta Welfarebuilding

建築主	日本ガイシ株式会社
所在地	名古屋市熱田区六野
PM	日建設計コンストラクション・マネジメント
施工	鹿島建設

本社本館に隣接する既設厚生棟に食堂・カフェを増床
する計画です。
外観は既設厚生棟を踏襲したシンプルなデザインと
しながらも、内部は社員がリフレッシュできるゆとりの
あるレイアウトとしました。
自然豊かな本社敷地の緑を借景とする半屋外カフェ
テラスを設け、内外のつながりを高めています。
　　　　　　　　　　　　　　　　（山上直哉）

意匠	山上直哉
監理	松下雅樹
PM	毛利慈英／日建設計コンストラクション・マネジメント

1 | 外観南面
2 | チームワークエリアと集中執務エリア
3 | オープンミーティングエリアと吹き抜け階段

1 | カフェ
2 | 緑と一体に計画されたカフェ・カフェテラス
3 | 本社エントランスに正対する正面ファサード

33

半世紀の時を経た市民会館を
新たな文化を創る市民劇場へ

岡崎市民会館
Okazaki shiminkaikan

建築主　岡崎市
所在地　愛知県岡崎市六供町
共同設計・監理　日建設計コンストラクション・マネジメント
施工　鴻池組・杉林建設 JV、小原建設・大黒屋建設 JV

1967年に建設され、半世紀もの間、市民文化の殿堂として親しまれた市公会堂の改修設計です。市民の記憶を残すことを大切にしながら、未来に向けて新たな舞台を創り出すことを目指しました。現代のニーズや演目の多様化に対応するため、舞台とフライタワーを拡張し、フライ側部に耐震壁を増設することで耐震性能を向上させました。音響性能の向上のため、客席の既存天井を取り外し空間を広げ、ホール内の空調騒音の改善として、ダクト配管を外部化しました。外部化したダクトの目隠しと建物へ日射遮蔽を兼ねたルーバーにより新たな外観を創出させました。また、外構、ホールへのアプローチの階段や段差をフルフラット化することによりバリアフリーを実現し、不要になった段差の石材を、施設中心に新たに設けた庭の舗装材として再利用しました。　　　　　　　　　　　　　　　　（河辺伸浩）

室容積　V＝11,240㎥　席数 N＝1,548席
室表面積 S＝3,880㎡　V/N＝7.26㎡/席

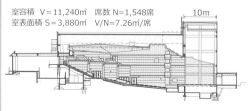

改修前　ホール断面

室容積　V＝12,060㎥　席数 N＝1,100席
室表面積 S＝4,740㎡　V/N＝11.0㎡/席

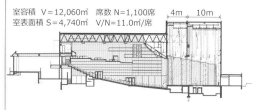

改修後　室内空間の広がったホール

意匠　河辺伸浩
構造　平山 操

1 | 音響性能が向上したホール
2 | 段差や高低差のあるアプローチ（改修前）
3 | フルフラット化されたアプローチ（改修後）

34

都市機能を補強する
高い防災性能を備えた超高層複合ビル

JRゲートタワー
JR Gate Tower

建築主	東海旅客鉄道株式会社、ジェイアールセントラルビル株式会社
所在地	名古屋市中村区名駅
意匠設計	大成建設、ジェイアール東海コンサルタンツ
構造・設備設計	日建設計（統括）、大成建設
施工	大成建設・鹿島建設 JV

JRゲートタワーは、名古屋駅・JRセントラルタワーズ
との一体化による施設づくりとバスターミナル機能の
更新、駅北側地区への歩行者アクセスの改善、駅前道
路交通負荷の低減など、「国際都市名古屋」の玄関口と
してのターミナル機能の強化と駅周辺環境の改善、都
市空間の魅力向上に貢献しています。

最先端耐震技術を用いた大地震・長周期地震動に対
する高い耐震性の確保や、不特定多数の利用者に対し
て安全性・信頼性の高い防災システムの構築による、
災害に強く防災性能に優れた施設づくりを第一とし、
自然エネルギーの活用、実効性の高い省エネルギー
手法の採用、ヒートアイランド現象の抑制などにより、
都市環境との調和を図っています。　　　　（宗宮由典）

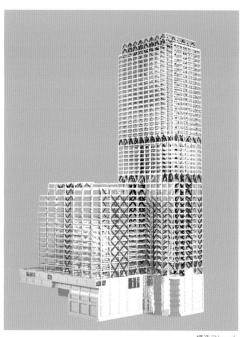

構造フレーム

構造	宗宮由典・金子賢二
設備	黒田浩司・西山史記

1｜東側全景
　　JRセントラルタワーズと JRゲートタワー
2｜15階スカイストリート
3｜1階イベント広場
4｜JRゲートタワー東側全景

1	4
2	
3	

35 低炭素なまちをつくるスマートエネルギーネットワーク

みなとアクルス スマート・エネルギー・ネットワーク
Minato AQULS Smart Energy Network

建築主　東邦ガス株式会社
所在地　名古屋市港区港明
監理　建屋：東邦ガス株式会社
施工　エネルギーセンター：大林組、エネルギーシステム：新菱冷熱 他

名古屋市港区にあるスマートタウン『みなとアクルス』では、商業、住宅、スポーツなど、多様な都市機能をもつまちづくりが進められています。

まちの中心にあるエネルギーセンターでは、ガスコージェネレーション、太陽光発電、大型蓄電池、運河水の熱を利用した冷暖房など、先進のエネルギーシステムにより地産地消で電力と熱をつくり、エリア内の各施設へ供給します。集合住宅全戸には家庭用燃料電池が設置され、商業施設にはAIによる快適で省エネな空調が行われるなど、次世代の省エネ手法が採用されています。

そして、熱・電力・情報のネットワークシステム『CEMS(セムス)』により賢くエネルギーを使うことで、エリア全体のCO₂排出量は1990年比で65％削減を達成しています。　　　　　　　　　　　　　　（田中宏明）

設備　田中宏明・栄 千治
意匠　田中裕大

邦和みなとゴルフ

運河水熱利用

邦和スポーツランド
クールスポットの提供。
住民向けスポーツ教室の開催。

港区役所への
災害時非常用電力供給

港区役所

1｜みなとアクルスの概要
2｜エネルギーセンター外観
3｜CO2 排出量と一次エネルギー消費量の削減率
4｜地産地消型スマートエネルギーネットワーク

1		
2	3	4

II期開発エリア

エネルギーセンター
デマンドレスポンス発令。
デマンドレスポンスに応諾した住民
や各需要家にポイントを付与。

太陽光パネル

ららぽーと名古屋みなとアクルス
クールスポットの提供。
ポイントを商品券に交換して
テナントで利用。

パークホームズ
LaLa名古屋みなとアクルス
HEMSを通じて
デマンドレスポンスに応諾。
環境活動に参加。

太陽光パネル

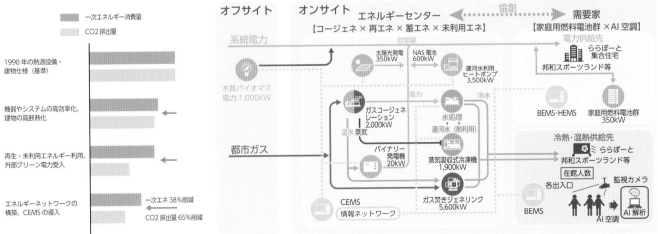

■ 一次エネルギー消費量
■ CO2 排出量

1990 年の熱源設備・
建物仕様（基準）

機器やシステムの高効率化、
建物の高断熱化

再生・未利用エネルギー利用、
外部グリーン電力受入

エネルギーネットワークの
構築、CEMS の導入

一次エネ 38％削減
CO2 排出量 65％削減

オフサイト　　オンサイト　　エネルギーセンター　　　協創　　　需要家
【コージェネ×再エネ×蓄エネ×未利用エネ】　　【家庭用燃料電池群×AI空調】

系統電力　　　　　　　　　　自営線　　　　　　　　　電力供給先

木質バイオマス
電力1,000kW

太陽光発電　NAS 電池
350kW　　600kW

運河水利用
ヒートポンプ
3,500kW

ららぽーと
集合住宅
邦和スポーツランド等

ガスコージェネ
レーション
2,000kW

水処理
運河水（熱利用）

BEMS・HEMS

家庭用燃料電池群
350kW

都市ガス

温水　蒸気

バイナリー
発電機
20kW

冷水

蒸気吸収式冷凍機
1,900kW

冷熱・温熱供給先
≋ ららぽーと
邦和スポーツランド等

在館人数
各出入口　　　監視カメラ

CEMS
情報ネットワーク

ガス焚きジェネリンク
5,600kW

BEMS

AI 解析
AI 空調

36

海から山まで、津市の豊かな
自然を表した新たなシンボル

津市産業・スポーツセンター（サオリーナ、三重武道館）
Tsu City Business and Sports Center

建築主 　津市
所在地 　三重県津市北河路町
監理 　　前野建築設計
施工 　　清水建設・日本土建・東海土建 JV

海から山まで豊かな自然を有する津市をヴォールト状
の屋根の連なりで表現し、新たな津市のシンボルと
なる施設にふさわしいデザインとしました。
アスリートモールを中心に、多くの機能を持った施設を
分かりやすく、使いやすい構成としています。
メインアリーナには世界最大級の光ダクトを備え、自然光
を積極的に取り入れることにより省エネルギーな体育館
としました。　　　　　　　　　　　　　　　（小谷陽次郎）

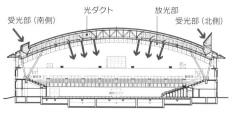

メインアリーナ光ダクト

意匠 　　小谷陽次郎
設備 　　海宝幸一・服部佳史

1 | 背景の山々と呼応する外観
2 | メインアリーナ軒先ディテール
3 | 祝祭をテーマとし、賑わいを創り
　　出すアスリートモール

1		3
		4
2		5

1｜様々な大規模イベントに対応可能なメインアリーナ
2｜ハイサイドライトから自然光が差し込むアスリートモール
3｜構造トラスを活用し、太陽光を取り込む世界最大級の光ダクト
4｜テント膜屋根の明るいプール
5｜柔剣道場４面を無柱で確保できる広々とした武道館

37

地域の顔を未来に残し、
美と対話する新たな場をつくる

岐阜県美術館 本館改修
Complete Renovation of The Museum of Fine Arts,Gifu

建築主　岐阜県、岐阜県美術館
所在地　岐阜県岐阜市宇佐
施工　大日本土木・TSUCHIYA JV

1982年に竣工した美術館の全面的な機能改修です。
敷地北側にあった正門を南の図書館側に変更し、外構の
来客動線を開放的で明るいアプローチに作り替えました。
全ての展示室が面し動線の骨格となる美術館ホールは、
既存の特注壁タイルを生かしたデザインを踏襲しつつ、
自然光と可変する照明、展覧会ごとにグラフィックを
更新できるサインを兼ねたガラス扉などにより、機能
強化を図りました。
ホールと展示室とをつなぐ通路を増築することで、展示
室への出入口設定を柔軟にし、複数の企画展示を同
時開催しやすくしました。　　　　　　　　　　（墨 英子）

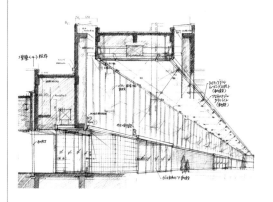

美術館ホールの改修検討スケッチ

意匠　橘高宗平・墨 英子
設備　督 満

1｜メインアプローチに改修した南門
2｜改修前の南門
3｜最新の照明システムを導入した展示室
4｜既存デザインの良さを活かして、
　　機能強化し明るくした美術館ホール

日建名古屋のレジェンドに訊く｜佐藤義信

京都迎賓館をはじめ、名古屋の代表作を数多く設計。
なかでも岐阜県美術館は新装し、設計当時と現在の
違いなどを伺いました。

エリートの仕事ではなくエリートな仕事

佐藤義信（さとう・よしのぶ）

1974年 日建設計入社
2009年 退社
現在 KUU・KAN設計室主宰

在職中は、京都迎賓館・福井県庁舎・徳川園
岐阜県美術館 他を担当

右下｜村井達也（むらい・たつや）
執行役員 設計部門 設計グループ プリンシパル

向後美穂（こうご・みほ）
設計部門 プロジェクトデザイナー（入社2年目）

左から　向後美穂・佐藤義信・村井達也

向後｜建築は、スクラップアンドビルドの時代から、社会ストックとして長く使い続ける時代に入ってきたと考えています。佐藤さんは日建設計で長く仕事をされてきた経験から、私たちに無い長期的な視点をお持ちではないかと思い、いろいろお伺いしたいと思います。

佐藤｜僕が30歳くらいの時、当時社長だった安藝元清さんとお話しする機会がありました。その時、社長は木・セメント・土以外ほとんど建設資材を自給できない日本が、超短寿命で建築を浪費している。今後このような事は国際的に許されるはずはない。とおっしゃっておられました。
しかし日本の政治・経済状況は、未だに中国のように経済を回すための「エンジンとしての建築」以外の政策的発想が無く、また江戸では実に約5年ごとの大火で町の大半が失われてきたという歴史からくる「短寿命・新築偏重」という建築文化から抜け出せないでいると思います。

村井｜佐藤さんも数々の新築を設計してこられましたが。

佐藤｜そう。設計者にとって「建築の設計が出来る」ということは何よりの喜びだから、コンペ等で真剣勝負し、結果として博物館・美術館13件、図書館9件、大学のキャンパス3件など多くの建築を設計してきたわけです。

村井｜佐藤さんは日建で公共建築に携わる機会が多かったですね。当時はまだ、社会インフラの充実として公共建築を建てようという時代だったのでしょうか。

佐藤｜その中で、1996年にプロポーザルで受託したのが京都迎賓館です。京都迎賓館は200年でも持ちますよ。どうやったかというと、必ず来る設備更新で、地上部分にはまったく手をつけなくても済むように、すべての設備を地下に設けました。それから、僕は近い将来ミクロエネルギーの時代が来ると思っていますから、現在は「機械予備室」と称して何もない倉庫のような空間が造ってあります。燃料電池などミクロエネルギーの時代になったらここが機械室になり、次にまた別のシステムが出てきたら元の場所へ戻す。そういう大きなシステムの変更に対しても対応できるように造ってある。そうでないと、多分半世紀毎の大規模改修の度に、職人さんたちが命賭けてつくった作品が壊されオリジナルの空間が備える価値が劣化してしまうと思ったからです。「長寿命」とは次の時代に対応可能な「空間への投資」を確実にクライアントに提案していくことだと思います。

向後｜京都迎賓館というと、人間国宝の方の作品など細部に目が行きがちなところはありますが、それを全部抱え込んでいる建築の強さがあるのかなと感じます。それから、設備の考え方が伊勢神宮みたいだなと思いました。日本の伝統が反映されているようで興味深いです。

佐藤｜そうね。僕も命賭けて設計したから生き延びて欲しいと思っています。

現在、我々の前にある優れた歴史的建築は「残った」のではなく、「残した」ということです。時代を突き抜けて各時代において「残す」という意志が強く受け継がれてきました。唐招提寺や薬師寺の周辺は現在、田圃になっていますが奈良時代は街の中心です。
もう一つは「崇り」です。代表的なのが正倉院。巨石により堅牢に造られたピラミッドの宝物は盗掘にあい、一方木造で宙に浮いている正倉院は守られ、膨大な収蔵物は現在まで伝えられてきました。それは「人間の心に鍵をかけた」からです。

向後｜意匠設計者として、どういったことを考えて設計すると、周りの人に残そうと思ってもらえる建築になるでしょうか。

佐藤｜きちんとした歴史的背景のもと、設計者である自分が時間の中のどこにいて、そこで何を果たすべきか、今、そこであるべき建築の姿は何か、ということをしっかりイメージして、その上で設計することだと思います。今回、岐阜県美術館が大規模改修をして、また生き永らえさせてもらえるのは、これほど有難いことはないと思います。あれは僕が28か29歳の時の設計です。

村井｜建築設計は属人的な部分があり佐藤さんが建築に秘めたアイデアなどが日建の後輩に引き継がれていないこともありますね。そのあたりはどうお考えですか。

佐藤｜僕のマインドは、十人中一人に伝わればいいかな。それを強要する必要も無いしね。僕は大学では「歴史」を勉強していましたが、かっこよく言えば「設計は学ぶものではない」、設計術はあっても設計学は無いと思っている。「学ぶべきは歴史」だと思っています。

向後｜これからの日建設計に期待することや、ここは残していって欲しいなどの思いはおありですか。

佐藤｜建築家というかデザイナーというのは、何よりご自分の人生のデザイナーだと思います。そのキャンバスとして、日建設計は最高です。ですが、設計の仕事は「エリートの仕事」ではありません、「エリートな仕事」なのです。こんなにも素敵な場所で、自分の精神に忠実な仕事が出来るということ、そういう場所に座らせていただいているという自覚と心意気が無いのなら、今、座っているその場所は、他の人に譲るべきです。と、今でも思っていますね。

向後｜最後の言葉は、私個人としても刺さるところがあり、大切にしたいと思います。ありがとうございました。

2022年以降に竣工予定の主なプロジェクト

ニッセー新本社ビル（2022年竣工予定）

建築主	株式会社ニッセー
所在地	静岡県焼津市
建物種別	自社ビル
構造・規模	S造　地上3階
建築面積	1,732㎡
延床面積	3,466㎡

飲料の開発と製造を行う企業であるニッセーの70周年記念事業となる本社の建替計画です。
建物全体を包み込む大きな庇と、研究開発、オフィス、食堂等をコンパクトに配置した一体感のあるワンヴォリュームのシンプルな外観としています。軒天アルミスパンドレルのグラデーションによる変化と、水盤に反射した光が大庇の軒天に柔らかな光のゆらぎをつくり、飲料メーカーにふさわしく「水」の流れをイメージしたデザインを目指しています。

名古屋ビル東館（2022年竣工予定）

パース：清水建設

建築主	名古屋ビルディング株式会社
所在地	名古屋市中村区
建物種別	テナントビル
構造・規模	S・SRC造　地下1階、地上12階
建築面積	922㎡
延床面積	11,314㎡

名古屋駅につながる目抜き通りに面した角地に建つ、名古屋ビルディング東館の建替計画です。コーナーを斜めにカットし、上階オフィス面積の最大化を図りつつ、交差点に向かって主張する伸びやかな外観としています。外装は駅前の名古屋ビルディングのデザインを踏襲する縦ルーバーを採用し、断面形状を変化させることで、ドレープを思わせるシンプルで優美なデザインを目指しています。（※基本設計：日建設計／実施設計・監理：清水建設）

岐阜県庁舎（2022年竣工予定）

建築主	岐阜県
所在地	岐阜県岐阜市
建物種別	庁舎
構造・規模	S造（一部RC・SRC造）地上21階
建築面積	12,321㎡
延床面積	83,420㎡

岐阜県新庁舎（行政棟・議会棟）の計画です。地域の魅力を発信する庁舎として、内外装の随所に木やタイル、和紙などの県産材・県産品を用い、岐阜県らしさを表現します。安全を守る庁舎として、行政棟では水害に強い中間層免震構造を採用、また上水・地下水の複数水源確保など、BCP対策を行っています。地球に優しい庁舎として、豊富な地下水を利用した空調熱源、吹き抜け空間（エコシャフト）を利用した中間期の自然換気など省エネルギー化を行い、CASBEE-Sランクを実現します。

浜松いわた信用金庫本部・本店（2023年竣工予定）

建築主	浜松磐田信用金庫
所在地	浜松市中区
建物種別	金融機関本店
構造・規模	本部棟：SRC造　地上10階
	本店棟：S造　地上4階
建築面積	4,390㎡
延床面積	本部棟：11,662㎡
	本店棟：4,447㎡

機能集約による部署間の連携強化と、金融の枠組みを超えた総合サービスの創出・提供を目的とする浜松いわた信用金庫本部・本店の新築計画です。上空通路で接続された本部棟・本店棟は、テラコッタによる外装とし、一体感のあるデザインとしました。地域の豊富な自然エネルギーを活用した、省エネと快適性を両立する環境手法が評価され、SDGsモデルプロジェクトとして、サステナブル建築物等先導事業に採択されました。

一宮西病院南館増築（2023年竣工予定）

建築主	社会医療法人杏嶺会
所在地	愛知県一宮市
建物種別	病院
構造・規模	S造　地上11階
建築面積	7,506㎡
延床面積	36,217㎡

2009年9月竣工の本館（約400床）と上空通路で接続し、南側敷地に新たに400床規模の病院を整備する計画です。
2層の上空通路により本館のホスピタルモールを連続させ、一般とスタッフ動線とを分離しました。本館の急性期病棟に加え、南館では回復期リハ病棟・緩和ケア病棟を配置し、双方の連携を図る設計としています。また、南館の完成に合わせ、本館敷地にバリアフリーの容積緩和を受け、新しい手術棟を計画中です。

（仮称）エスパシオナゴヤキャッスル（2025年竣工予定）

建築主	株式会社ナゴヤキャッスル
所在地	名古屋市西区
建物種別	ホテル
構造・規模	SRC・S造　地下2階、地上11階
建築面積	4,347㎡
延床面積	43,631㎡

名古屋の老舗ホテルとして半世紀にわたり愛されてきたホテルナゴヤキャッスルの建替計画です。平均客室65㎡以上の客室（うちスイートルーム30室）、中部地区唯一の広さを持つ大宴会場等のバンケットルーム、レストラン、スパ、フィットネス、プールを備えるフルサービスホテルです。名古屋城の景観と調和した佇まいの外観デザイン、伝統と文化の香り漂うインテリアや庭園など、名古屋が誇る格式ある最高品質のホテルを目指します。

Discover Peaks Competition

日建設計では Discover Peaks Competition という、新たな Value を生むための取り組みを行っています。

構造性能体感システム『SYNCVR(シンクブイアール)』

SYNCVR※は、建物の耐震性能をVR(バーチャルリアリティ)を利用してクライアント様と共有することをめざした最先端の耐震設計サービスです。

「ゴーグルをかけると、高精細VRのオフィス空間が眼前に広がる。内見中、急にモニターや棚が揺れ始める。地震だ。ますます揺れは大きくなり、什器が激しい音とともに倒れ、窓の外の景色も揺らぐ。」

SYNCVRは、時刻歴応答解析などの入力波形データを用いて、仮想空間自体を振動させることで、リアルなVR体験を提供します。たとえば名古屋であれば南海トラフ、東京であれば相模トラフといった各地における防災対策上主要な地震による建物毎の地震被害の映像を容易に作成できます。紙面上での理解が難しい耐震性能向上がもたらす安心感の違いを分かりやすく伝えることができるので、設計時の耐震性能の目標設定や構造形式の判断に活用いただくことも可能です。

映像と同調して揺れを再現する白山工業製の地震ザブトンと組み合せると、さらに没入感の高い地震体験を提供できます。2019年には「地震ザブトン+SYNCVR」として本格的にサービス展開を始めました。大手不動産会社や地方自治体の防災啓発イベント、都内区役所による高層住宅防災訓練、損保会社やスポーツアパレルメーカー社内のBCP研修など、防災学習分野での多様な実績を重ねています。

SYNCVRの利活用により、今後大地震に対峙するクライアント様の意思決定を助けつつ、市民層にとっても耐震性能向上の効果を分かりやすく届けることで、より耐震性がインセンティブを持つ文化・社会の創出につなげたいと考えています。

体験方法1 高精細360° VR映像をパソコンで!スマホで!

福島孝志・日比野智也

体験方法2 地震ザブトンと組み合わせてよりリアルに!
VR空間の地震被害は、実際と異なる可能性があります。
※SYNCVRは、株式会社日建設計と株式会社ジオクリエイツの登録商標です。

名古屋のパブリックスペースを心地よく COOL TREE の設置

近年の地球温暖化による夏の酷暑化は大きな課題となっています。パブリックスペースを涼感で心地よくしたいという思いから、社内の有志エンジニアリングチームと共同開発に参画した3社(*)で知恵を出し合い、開発したのがCOOL TREEです。デザインコンセプトとして「日本らしいデザイン」「究極のエコロジー」「完全自立システム」を掲げ、共同4社それぞれが得意とする、木材・ゼロエナジー制御・クールデバイス、それらを統合するデザインの英知を結集させました。積層させた木材が美しい木陰を織りなし、太陽光のみをエネルギー源に複数のクールデバイスが稼働します。リユース・リサイクルが可能な素材・形状によりライフサイクルにおいてもエコロジーなシステムです。

1号機を千葉に設置したのち、2号機を名古屋港ワイルドフラワーガーデン-ブルーボネットに設置(2019~2020)しました。名古屋港に面しているブルーボネットでは木材を乾燥して高耐久塗装を行い、立地環境に耐えうる工夫を施しました。庇から散布されるドライミストが来館者をいざなう「ウエルカムミスト」・座席後部から噴き出す「クールミスト」・ペルチェ素子がアルミ座面を冷やす「クールベンチ」で構成し、これらのクールデバイスは屋根に設置した太陽光発電パネルとバッテリーからの電力で駆動させています。

COOL TREEは、その後コンパクトで使いやすいLiteをラインナップとして追加しています。これからも社会貢献の一つとして夏の都会に涼を提供し続けたいと考えます。

(※)銘建工業㈱、㈱光栄、㈱村田製作所

ブルーボネットクールツリー

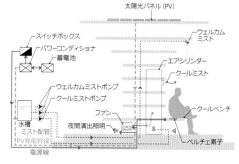

クールデバイスの構成

澤村晋次・豊村幸毅・大西宗太郎・青木一晃

木質ユニット「つな木」
ー暮らしも、あそびも、もしもの時も、木をつないで人をつなぐ場をつくるー

「つな木」は、日建設計 Nikken Wood Lab が企画・プロデュース、三進金属工業が製造・販売を行う、「全国、どこでも、だれでも」が一般流通木材と専用クランプ、移動用キャスターを使って、自由な用途とサイズで空間を組み立てられる木質ユニットです。木材の難しい加工も重たいものを扱う作業もなく、誰でも簡単に組み立て・組み換えができるので、普段の生活はもちろん、特別なイベントや非常事態にも、その時に必要な空間を自分たちの手でつくることができます。

第一弾では、もしもの時の備えとしても役立つ「もしもつな木キット」を開発しました。これは、普段は家具やカフェブースとして使い、非常時には避難所や、HEPAフィルターを取り付けることで清浄された医療ブース、ワクチン接種ブースなどに適したサイズ・仕様の個室へと組み換えられるキットです。続いて、イベントやポップアップショップなど、最小の空間をつくることができる「どこでもつな木キット」の開発を進めています。配置のバリエーションが豊富なため、あそびから非常時まで使い方が広がる、一畳サイズの「つな木」です。現在、全国の森林の多くは収穫期を迎えており、森林の健全な働きを維持するためにも、木を使い続けることで資源の循環を促す多様な方法が求められています。「つな木」を通じて、普段、木でモノづくりをしない人でも、地元の森の木に触れ、木を学び、木の活用方法をみんなで考えるきっかけづくりにもなると考えています。「つな木」が木と人を豊かにつないでいく、そんな未来をわたしたちは描いています。

足利赤十字病院に導入された「もしもつな木」

渋谷区立北谷公園に導入された「どこでもつな木」 撮影：中戸川史明

大庭拓也・松丸真佑美・石澤英之・大和田卓

地元の木工所などで手に入る木材を　運んで　組み立てると…　できあがり！　組み換えると…　別のものに！
「つな木」の組み立て・組み換えの方法

歴史的建造物の活用で魅力的な街を創るヘリテージビジネスラボ

ヘリテージビジネスラボは歴史的建造物の文化的価値を改めて見出す活動、新建造物を付加した活用、価値を維持するサポートで、あらたな魅力を創出し新しい街の魅力を創る活動を行っています。設計で培った技術やプロジェクトマネジメント技術を応用し、最新の知見と最新の技術でこれまでにない活用を提案いたします。

名古屋テレビ塔の活用再生プロジェクトでは、創建の価値を計画に活かす提案を行っています。日本で初めて建設された集約テレビ電波塔として登録文化財に指定される名古屋テレビ塔では、その創建の歴史にスポットを当て、改めて価値を見出し、その成果を設計にフィードバックしています。文化財の専門家と議論する場を主催し、文化財的価値を維持できる免震構造として改修設計する方向性を示しました。また改修工事を記録文書として纏める活動も行い、改めて文化財としての価値づけを行っています。

愛知県庁本庁舎の長寿命化計画では、現代の長寿命化計画手法を応用して重要文化財建造物である愛知県庁本庁舎に適用する取り組みを行っています。重要文化財では文化財として価値ある内外装に対して、一般建築のような更新をたやすくすることは難しい面があり、また文化庁との協議も必要で、その対応は特殊なものとなります。このため現代建築の長寿命化手法をそのまま適用することはできないのですが、手法をアレンジして応用することで適用し、長寿命化計画を策定しました。文化財建造物では内外装が特殊で高価なものも多く、劣化の放置が原因で修理費がさらに高額なものとなったり、安易な修理で文化財的価値を毀損するような危険もあり、文化財建造物に対する長寿命化計画は特に必要とされている技術であると言えるでしょう。

文化財価値を改めて調査し改修設計や活用にフィードバック

現代建築の長寿命化手法をアレンジし重要文化財に応用

西澤崇雄

日建グループのデザイン戦略・NIKKEN DESIGN GOALS

01 Global Environment

02 Wellness & Resilience

03 next TOD

04 Flexibility Design

05 Digital Transformation

06 Conversion & Re-use

07 Regulation Design

08 Organization Design

NIKKEN DESIGN GOALS

Ver.000 試作中

09 Global Design

10 Risk Management

11 All NIKKEN Design

12 Value Up Design

13 Sophisticated Design

14 After COVID-19

15 Design for Dream

What is the next goal ?

15のカテゴリー、52のデザイン

日建グループは、デザインというクリエイティブな営為において、社会的に有用な存在となることを目指し、その目標と以下の問題意識を元に、日建グループ全体で共有するデザイン指針を15のカテゴリーに分かれた52のデザインゴールズをまとめました。
このゴールズは役職員の関心事や知恵の在りかが読み取れると同時に、デザイン視点の過不足も把握できます。
利用率を高めることが知恵の集約には不可欠と考え、死蔵されがちな小冊子化やPDF化を避け、パソコンやスマートフォンから気軽にアクセスできるアプリケーションとして「NIKKEN DESIGN GOALS」をまとめました。

「NIKKEN DESIGN GOALS」の目指すところ

日建グループは、すべてのプロジェクトのデザインクオリティをトップとボトムの両面から高め、SDGsに代表される持続的発展の流れと歩調を合わせ、世界で共有されている社会問題に果敢に取り組み、クライアントをはじめとしたプロジェクトのステークホルダーに対して確実にバリューを提供することを目指しています。

そのためには、
- 日建グループの存在意義をあらためて「VISION」として再確認をし
- 役職員が目指す「GOALS」を共有し
- 個々のプロジェクトではそれを実現するための「CHALLENGES」を設定し

一歩一歩着実にデザインクオリティの向上を図っていく必要があり、その結果、役職員は自己実現を遂げ、日建グループの成長・発展に繋がることを目指しています。

この「NIKKEN DESIGN GOALS」は完成品ではなく、随時バージョンアップし、デザイン戦略の中で生まれたデザインを議論する気風を絶やさず、日建グループが世の中に送り出すデザインチャレンジを向上していこうと考えています。

掲載作品データ

久屋大通公園（北エリア・テレビ塔エリア）
P.10 整備運営事業
建　築　主：三井不動産株式会社
所　在　地：名古屋市中区錦 他
共同設計：大成建設
施　　　工：大成建設
敷地面積：48,752.79 ㎡
建築面積：5,407.38 ㎡
延床面積：8,136.29 ㎡
工　　　期：2019 年 1 月〜 2020 年 9 月
担　　　当
ランドスケープ　西 大輔、北山利彦、小嶋咲紀、吉川真由香、
　　　　　　　　杉山茂樹
都市計画　山本秀樹、青木優典
Ｃ　　　Ｒ　高平芳弘
照　　　明　トミタ・ライティングデザイン・オフィス
サ　イ　ン　八島デザイン事務所

名古屋テレビ塔（中部電力 MIRAI TOWER）
P.14 リニューアル
建　築　主：名古屋テレビ塔株式会社
所　在　地：名古屋市中区錦
MD・デザイン監修：デザインクラブ EMW
施　　　工：竹中工務店
敷地面積：2,015.44 ㎡
建築面積：1,226.48 ㎡
延床面積：3,765.31 ㎡
構造規模：S 造（免震構造）-1+5
工　　　期：2019 年 2 月〜 2020 年 8 月
担　　　当
意　　　匠　若林 亮、村井達也、葛原定次 *、石森秀一
都市計画　山本秀樹、青木優典
構　　　造　二宮利治、木村征也、榊原啓太、清本莉七 *、
　　　　　　福間智之、橋本舟海、早坂聡紘
電気設備　澤村晋次、安井規祝、岸本拓也
機械設備　田中宏明、酒井克彦
コ ス ト　片山孝志、沢木卓朗
監　　　理　砂田竜男、中島正樹、山田富貴子、桐山宏之 *、
　　　　　　丸山拓也、後藤賢司 *
申　　　請　牧野明夫 *
Ｃ　　　Ｒ　五十田昇平

アーバンネット名古屋ネクスタビル
P.18
建　築　主：NTT 都市開発株式会社
所　在　地：名古屋市東区東桜
基本設計：日建設計
実施設計：清水建設
実施設計監修：日建設計
監　　　理：清水建設
施　　　工：清水建設
敷地面積：1,934.16 ㎡（街区全体：8,503.89 ㎡）
建築面積：1,731.49 ㎡（街区全体：4,213.92 ㎡）
延床面積：30,312.91 ㎡（街区全体：76,466.60 ㎡）
構造規模：S・一部 SRC 造 -1+20P1
工　　　期：2020 年 1 月〜 2022 年 1 月（予定）
担　　　当
意　　　匠　塩田哲也、奥宮由美、安江英将、鈴木豊一郎、
　　　　　　喜吉洋介、小野竜也、鷺森 剣
都市計画　山本秀樹、廣瀬元彦、宮本恵孝、片岡健一、
　　　　　　郡司拓磨
構　　　造　二宮利治、平山 操、堀本明伸、長山暢宏、
　　　　　　桑田志都子
電気設備　澤村晋次、中澤和夫、横井繁明、黒田浩司、
　　　　　　服部佳史、青木一晃、上野大輔、岸本拓也
機械設備　田中宏明、菱田 誠、井上大嗣、吉岡沙野

コ ス ト　片山孝志、村井一行
土　　　木　橋本一三、片山政和、田中 宏（以上 NSC）
ランドスケープ　平山友子
Ｃ　　　Ｒ　吉田明、高平芳弘、幸野哲也

いなべ市役所
P.24
建　築　主：いなべ市
所　在　地：三重県いなべ市北勢町
施　　　工：大成建設
敷地面積：36,105.57 ㎡
建築面積：8,956.53 ㎡
延床面積：14,609.31 ㎡
構造規模：S・SRC・RC 造（免震構造）-1+2P1
工　　　期：2016 年 12 月〜 2019 年 3 月
担　　　当
意　　　匠　小谷陽次郎、廣瀬文昭、山口智三、福井一成*、
　　　　　　福田恭平、大西由希子、川嶋和男 *
都市計画　山本秀樹、片岡健一
構　　　造　二宮利治、平山 操、正田崇貴、清本莉七 *
電気設備　督 満、安井規祝、本間睦朗 *、青木一晃
機械設備　田中宏明、飯塚 宏（現：NCM）、酒井克彦、
　　　　　　井上大嗣、大森啓充 *
インテリア　中野 健、日野智之 *（以上 NSD）
コ ス ト　片山孝志、沢木卓朗、宮本一広（現：NCM）
土　　　木　大友武臣、堀 泰三、湯川竜馬、足立幸一、
　　　　　　田中 宏、志岐四男、寺久保久仁男、長谷川智昭
　　　　　　（以上 NSC）
ランドスケープ　根本哲夫 *、長谷川一真 *
監　　　理　住 哲也、砂田竜男、日比 昇、丸山 茂、丸山拓也、
　　　　　　佐野義治 *
デジタルデザイン　角田大輔、佐々木大輔
Ｃ　　　Ｒ　川島弘義

ソフィア内科クリニック・ソフィアひふ科クリニック
P.28
建　築　主：医療法人社団愛康会
所　在　地：石川県金沢市泉が丘
監　　　理：建築研究所セクションアール
施　　　工：豊蔵組
敷地面積：963.12 ㎡
建築面積：333.56 ㎡
延床面積：606.94 ㎡
構造規模：RC・W 造 +2P1
工　　　期：2019 年 8 月〜 2020 年 3 月
担　　　当
意　　　匠　橘高宗平、白石記之、樅山由佳、山口薫平
構　　　造　塚越治夫、平山 操、小林和子
電気設備　澤村晋次、横井繁明、青木一晃
機械設備　田中宏明、菱田 誠、吉岡沙野
コ ス ト　片山孝志、沢木卓朗、岡村幸広
Ｃ　　　Ｒ　五十田昇平、川島弘義

愛知大学 名古屋キャンパス（第 II 期）
P.30
建　築　主：学校法人愛知大学
所　在　地：名古屋市中村区平池町
施　　　工：鴻池組
敷地面積：4,957.00 ㎡
建築面積：2,299.70 ㎡
延床面積：15,152.98 ㎡
構造規模：S 造（制振構造）-1+21P1
工　　　期：2014 年 10 月〜 2017 年 3 月
担　　　当
意　　　匠　小谷陽次郎、山本明広、廣瀬文昭、山上直哉、
　　　　　　牧野明夫 *
都市計画　山本秀樹、森島 仁
構　　　造　二宮利治、橋本幸治、日比野智也
電気設備　督 満、安井規祝、中澤和夫

機械設備　飯塚 宏（現：NCM）、田中宏明、宮崎 光、永瀬 修、
　　　　　　飯田玲香
インテリア　日野智之 *（NSD）
コ ス ト　片山孝志、山内久高、宮本一広（現：NCM）
土　　　木　角南安紀、佐々木照雄 *、小玉大樹（以上 NSC）
ランドスケープ　根本哲夫 *、長谷川一真 *
音　　　響　中川浩一
監　　　理　住 哲也、篠田量次、大井由紀男 *、河村宣生、
　　　　　　丸山拓也
Ｃ　　　Ｒ　市川国夫 *

愛知大学 名古屋キャンパス（第 I 期）
P.30
建　築　主：学校法人愛知大学
所　在　地：名古屋市中村区平池町
施　　　工：竹中工務店
敷地面積：10,111.00 ㎡
建築面積：7,587.37 ㎡
延床面積：62,708.90 ㎡
構造規模：SRC・RC・S 造 -1+11P1
工　　　期：2010 年 3 月〜 2012 年 3 月
担　　　当
意　　　匠　葛原定次 *、山本明広、野沢英希 *、深尾 真、
　　　　　　石崎健一、入谷 鎮 *、山上直哉、村田政人、
　　　　　　川嶋和男 *、牧野明夫 *、石森秀一、廣瀬文昭、
　　　　　　寺岡竜一
都市計画　北川啓一 *、河辺伸浩、佐藤 健、青木優典、
　　　　　　宇野裕美 *
構　　　造　大野富男、西澤崇雄、橋本幸治、宗宮由典、
　　　　　　榊原啓太
電気設備　督 満、安井規祝、丸山拓也、黒田浩司
機械設備　渡辺健二、酒井克彦、西山史記、宮崎 光、永瀬 修、
　　　　　　齊藤義明
インテリア　高橋文吾 *、弓立順子 *、小野耕太郎 *、中井真樹
　　　　　　（以上 NSD）
コ ス ト　山内久高、村井一行
土　　　木　角南安紀、吉田剛司 *、佐々木照雄 *（以上 NSC）
ランドスケープ　根本哲夫 *、長谷川一真 *
音　　　響　中川浩一
監　　　理　丸山 茂、住 哲也、杉森建夫 *、中島正樹、
　　　　　　篠田量次、松本 進 *、河村宣生 *、丸山拓也、
　　　　　　黒部弘也
Ｃ　　　Ｒ　市川国夫 *
外　　　装　横田外装研究室
照　　　明　ソラ・アソシエイツ
サ　イ　ン　アイセイ社、島津環境グラフィックス

岡崎信用金庫 名古屋ビル
P.34
建　築　主：岡崎信用金庫
所　在　地：名古屋市中区栄
施　　　工：小原建設
敷地面積：892.66 ㎡
建築面積：589.98 ㎡
延床面積：3,789.88 ㎡
構造規模：S・SRC 造（免震構造）-1+7P1
工　　　期：2016 年 4 月〜 2017 年 8 月
担　　　当
意　　　匠　塩田哲也、片桐雄歩、田丸正和、髙橋 渓 *
構　　　造　二宮利治、平山 操、正田崇貴、清本莉七 *
電気設備　督 満、上野大輔、坂野 正
機械設備　田中宏明、酒井克彦、佐藤孝広
インテリア　西田徹太郎、中井真樹（以上 NSD）
コ ス ト　片山孝志、宮本一広（現：NCM）、山内久高
監　　　理　住 哲也、並河比呂志、平岡 毅
デジタルデザイン　ベシェニェイ・クリスティナ
Ｃ　　　Ｒ　安藤渉二

施　　工：清水建設
敷地面積：春華堂／1,823.97㎡
　　　　浜松いわた信用金庫／1,519.06㎡
建築面積：春華堂／989.28㎡
　　　　浜松いわた信用金庫／717.63㎡
延床面積：春華堂／1,848.96㎡
　　　　浜松いわた信用金庫／839.20㎡
構造規模：S・SRC造（ニュートラスウォール構造）+2P1
工　　期：2019年7月～2020年12月
担　　当
意　　匠　塩田哲也、田中裕大、矢吹和也、
　　　　上田渓己（現：NCM）、本間千尋
構　　造　塚越治夫、二宮利治、吉原和宏、堀本明伸
電気設備　澤村晋次、安井規祝、岸本拓也
機械設備　田中宏明、菱田誠、佐藤孝広
コスト　片山孝志、村井一行、宮本一広（現：NCM）
土　　木　籠谷直也、堀泰三、小島玲子（以上NSC）
監　　理　砂田竜男、日比昇、菊池基三*
C　　R　渡辺健二
インテリア　丹青社
植　　栽　SOLSO
照明協力　studio tanbo

P.62　デンソーグローバル研修所・保養所「AQUAWINGS」
建 築 主：株式会社デンソー
所 在 地：浜松市北区三ヶ日町
施　　工：大林組
敷地面積：26,404.02㎡
建築面積：3,764.26㎡
延床面積：11,263.85㎡
構造規模：S造 +5
工　　期：2014年11月～2016年3月
担　　当
意　　匠　葛原定次*、奥宮由美、塩田哲也、鈴木豊一郎、
　　　　眞庭綾、田丸正和
構　　造　二宮利治、吉原和宏、正田崇貴
電気設備　督満、安井規祝、加藤元紀
機械設備　飯塚宏（現：NCM）、田中宏明、井上大嗣
F F E　中野健、西田徹太郎、谷垣浩一、足立顕一
　　　　（以上NSD）
コスト　片山孝志、村井一行、宮本一広（現：NCM）
土　　木　佐々木照雄*（NSC）
ランドスケープ　根本哲夫*、河野孝章、平山友子
音　　響　青木亜美
監　　理　住哲也、村田政人、本間睦朗*、後藤賢司*
C　　R　石川仁

P.66　デンソー新厚生センター「ミライマ・テラス」
建 築 主：株式会社デンソー
所 在 地：愛知県刈谷市昭和町
施　　工：奥村組
敷地面積：236,859.48㎡
建築面積：2,455.17㎡
延床面積：9,898.88㎡
構造規模：S造 +6
工　　期：2019年4月～2020年8月
担　　当
意　　匠　村井達也、鈴木豊一郎、樅山由佳、山口薫平
構　　造　二宮利治、吉原和宏、小林和子
電気設備　澤村晋次、安井規祝、坂野正
機械設備　田中宏明、中島勝美
F F E　西田徹太郎、谷垣浩一、北野結子、川俣綾子
　　　　（以上NSD）
コスト　片山孝志、沢木卓朗、工藤潤一
ランドスケープ　平山友子
音　　響　青木亜美
監　　理　砂田竜男、並河比呂志、日比昇、高瀬泰明
C　　R　石川仁

P.68　イーサード
建 築 主：東芝キャリア株式会社
所 在 地：静岡県富士市蓼原
施　　工：鹿島建設
敷地面積：177,697.17㎡
建築面積：7,128.37㎡
延床面積：20,414.46㎡
構造規模：S造 +4P1
工　　期：2019年1月～2020年1月
担　　当
意　　匠　冨田彰次、今井幸彦、荒川康弘、山上直哉
構　　造　二宮利治、吉原和宏、金子賢二
電気設備　澤村晋次、横井繁明、岸本拓也
機械設備　田中宏明、西山史記
コスト　片山孝志、山内久高、村井一行、
　　　　宮本一広（現：NCM）
土　　木　籠谷直也、安藤史紘（以上NSC）
監　　理　砂田竜男、原田淳司、関根幹彦、黒部弘也
C　　R　渡辺健二

P.70　名古屋三井ビルディング北館
建 築 主：三井不動産株式会社
所 在 地：名古屋市中村区名駅
施　　工：竹中工務店
敷地面積：2,248.53㎡
建築面積：1,543.68㎡
延床面積：29,450.98㎡
構造規模：S・SRC造（制振構造）-2+20P2
工　　期：2018年6月～2021年1月
担　　当
意　　匠　塩田哲也、奥宮由美、鳥海宏太*、奥瀬陽子、
　　　　藤田俊洋、小野竜也
都市計画　植松徹治、片岡健一
構　　造　二宮利治、平山操、宮崎健太郎、清本莉七*、
　　　　長山暢宏、堀本明伸
電気設備　岸克巳、西脇貴洋、谷口洋平
機械設備　長谷川巖、杉原浩二、松本明広
コスト　片山孝志、村井一行
土　　木　坂本仁昭、加藤卓彦、片山政和、堀泰三、
　　　　小島玲子（以上NSC）
ランドスケープ　根本哲夫*、平山友子
音　　響　青木亜美
監　　理　砂田竜男、丸山茂、篠田量次、中島正樹、
　　　　加藤悟、関根幹彦、後藤賢司*、黒部弘也、
　　　　宮崎光
施工計画　佐々木賢一、西川實（以上NCM）
C　　R　安藤渉二

P.74　ヤマハモーター・イノベーションセンター
建 築 主：ヤマハ発動機株式会社
所 在 地：静岡県磐田市新貝
施　　工：安藤・間
敷地面積：163,581.13㎡
建築面積：1,946.65㎡
延床面積：8,634.00㎡
構造規模：S造 +5
工　　期：2016年1月～2016年12月
担　　当
意　　匠　小谷陽次郎、平野章博*、髙橋渓*、
　　　　廣野大樹（現：NCM）
構　　造　二宮利治、平山操、長山暢宏
電気設備　督満、横井繁明、上野大輔、岸本拓也
機械設備　飯塚宏（現：NCM）、田中宏明、鈴木宏昌
コスト　片山孝志、村井一行、宮本一広（現：NCM）
監　　理　住哲也、平岡毅、山田彰*

アクティビティデザイン　塩浦政也*、坂本隆之、安田啓紀、
　　　　津田文、宮崎敦史*
ワークプレイスデザイン　太田幸司
C　　R　渡辺健二

P.78　石川県立中央病院
建 築 主：石川県
所 在 地：石川県金沢市鞍月東
施　　工：本棟／大成建設・トーケン・表組・鈴木建設・
　　　　丸中組・石田工業JV
　　　　エネルギーセンター棟／みづほ工業・橘建設・
　　　　本田工務店JV
敷地面積：88,099.41㎡
建築面積：16,707.89㎡
延床面積：67,253.59㎡
構造規模：S・SRC・RC造（免震構造）-1+10P2
工　　期：2015年3月～2017年9月
担　　当
意　　匠　橘高宗平、野崎庸之（現：NCM）、藤記真*、
　　　　稲垣道徳、白石記之、深尾真、荒川康弘、
　　　　平野章博*、阪口麻梨子、井村峻*
構　　造　二宮利治、森下洋志、正田崇貴、長山暢宏
電気設備　督満、横井繁明、岸本拓也、服部佳史
機械設備　飯塚宏（現：NCM）、菱田誠、竹内秀雄、
　　　　菅原裕
インテリア　戸井賢一郎、向井健、仁平夏実、中村雅人*、
　　　　藤井崇司*（以上NSD）
コスト　片山孝志、宮本一広（現：NCM）
土　　木　佐々木照雄*、東田研介（以上NSC）
ランドスケープ　根本哲夫*、長谷川一真*
監　　理　住哲也、丸山茂、村田政人、工藤潤一、黒部弘也、
　　　　高瀬泰明、佐藤博*
照　　明　本間陸朗*
C　　R　川島弘義

P.82　富山銀行本店
建 築 主：株式会社富山銀行
所 在 地：富山県高岡市下関町
共同監理：三四五建築研究所
施　　工：清水建設・佐藤工業・石黒建設・寺崎工業・
　　　　砺波工業JV
敷地面積：1,322.32㎡
建築面積：971.52㎡
延床面積：6,422.06㎡
構造規模：S造（免震構造）+8P1
工　　期：2018年2月～2019年11月
担　　当
意　　匠　塩田哲也、葛原定次*、河辺伸浩、大西由希子、
　　　　村井健治、江里口宗麟
構　　造　二宮利治、吉原和宏、正田崇貴、松下央雅*
電気設備　澤村晋次、上野大輔、前田悟*
機械設備　田中宏明、菱田誠、佐藤孝広
コスト　片山孝志、村井一行、宮本一広（現：NCM）、
　　　　岡村幸広
監　　理　住哲也、羽田保夫*、後藤賢司*
日射検討　角田大輔、中山和典、林旭浩
C　　R　川島弘義

P.84　豊田地域医療センター
建 築 主：豊田市
所 在 地：愛知県豊田市西山町
施　　工：鴻池組・太啓建設JV
敷地面積：45,213.18㎡
建築面積：4,749.28㎡（新設のみ）
延床面積：16,681.34㎡（新設のみ）
構造規模：SRC・RC・S造（免震構造）+7P1

工　　期：2018 年 7 月〜 2022 年 12 月（予定）
担　　当
意　　匠　橘高宗平、白石記之、喜吉洋介、樫山由佳、
　　　　　島﨑 寛、野崎庸之（現：NCM）、墨 英子、
　　　　　廣瀬文昭、深尾 真、森岡俊介、八木涼平、
　　　　　宮田めぐみ
構　　造　二宮利治、金子賢二、橋本幸治、長山暢宏
電気設備　澤村晋次、督 満、横井繁明、上野大輔、岸本拓也、
　　　　　本間睦朗 *、坂野 正
機械設備　田中宏明、飯塚 宏（現：NCM）、中島勝美、
　　　　　宮崎 光、井上大嗣
コ ス ト　片山孝志、村井一行、宮本一広（現：NCM）
土　　木　大友武臣、籠谷直也、西田茂（以上 NSC）
ランドスケープ　根本哲夫 *、長谷川一真 *、戸上由紀恵、
　　　　　岩井都夢
監　　理　砂田竜男、村田政人、平岡 毅、関根幹彦、宮崎 光、
　　　　　三城由朗
Ｃ　　Ｒ　石川仁

P.86 浜松いわた信用金庫 竜洋支店
建 築 主：浜松磐田信用金庫
所 在 地：静岡県磐田市豊岡
施　　工：イトー
敷地面積：2,126.39 ㎡
建築面積：657.30 ㎡
延床面積：819.57 ㎡
構造規模：RC・S 造 +2
工　　期：2019 年 3 月〜 2019 年 12 月
担　　当
意　　匠　塩田哲也、藤田俊洋
構　　造　二宮利治、平山 操、金子賢二、桑田志都子
電気設備　澤村晋次、横井繁明、青木一晃
機械設備　田中宏明、菱田 誠、吉岡沙野
コ ス ト　片山孝志、宮本一広（現：NCM）、岡村幸広、
　　　　　沢木卓朗
監　　理　砂田竜男、加藤 悟、上田滉己（現：NCM）、
　　　　　高瀬泰明
Ｃ　　Ｒ　渡辺健二

P.86 浜松いわた信用金庫 原島支店・天王支店
建 築 主：浜松磐田信用金庫
所 在 地：浜松市東区原島町
施　　工：須山建設・釜慶鉄工 JV
敷地面積：1,285.32 ㎡
建築面積：550.40 ㎡
延床面積：734.65 ㎡
構造規模：RC・S 造 +2
工　　期：2020 年 3 月〜 2020 年 10 月
担　　当
意　　匠　塩田哲也、神山義浩、李 双、初 陽
構　　造　塚越治夫、平山 操、西本篤史
電気設備　澤村晋次、横井繁明、青木一晃
機械設備　田中宏明、吉岡沙野
コ ス ト　片山孝志、沢木卓朗、岡村幸広、工藤潤一
監　　理　砂田竜男、加藤 悟、関根幹彦、高瀬泰明
Ｃ　　Ｒ　渡辺健二
照明協力　studio tanbo

P.88 高山グリーンホテル 桜凛閣
建 築 主：京王電鉄株式会社
所 在 地：岐阜県高山市西之一色町
施　　工：鹿島建設
敷地面積：30,007.58 ㎡
建築面積：2,909.81 ㎡
延床面積：10,182.02 ㎡
構造規模：　RC 造 +7

工　　期：2018 年 9 月〜 2020 年 3 月
担　　当
意　　匠　杉山俊一、小堺一樹、土屋 中、坂野真理子、
　　　　　坂上敏啓、古澤 航
構　　造　小板橋裕一、柳原雅直、末岡利之 *
電気設備　岸 克巳、小林 護、荒矢博之、植田里沙
機械設備　佐藤孝輔、中川 滋、関 悠平、伊藤祥一
インテリア　戸井賢一郎（NSD）、坂野真理子
コ ス ト　小路直彦、橋本幸一、土肥哲生
ランドスケープ　根本哲夫 *、伊藤早介
Ｃ　　Ｒ　青木 伸、福井啓介

P.90 椙山女学園大学附属椙山こども園
建 築 主：学校法人椙山女学園
所 在 地：名古屋市名東区にじが丘
施　　工：矢作建設工業
敷地面積：2,065.42 ㎡
建築面積：1,025.60 ㎡
延床面積：　969.10 ㎡
構造規模：W 造 +1
工　　期：2018 年 7 月〜 2019 年 2 月
担　　当
意　　匠　塩田哲也、金子公亮、矢吹和也、小野竜也
構　　造　二宮利治、平山 操
電気設備　澤村晋次、安井規祝、青木一晃
機械設備　田中宏明、西山史記、吉岡沙野
コ ス ト　片山孝志、村井一行、岡村幸広
監　　理　砂田竜男、原田淳司、丸山拓也、後藤賢司 *
Ｃ　　Ｒ　内海 修 *、川島弘義、杉山真代

P.92 プラウドタワー名古屋久屋大通公園
建 築 主：野村不動産株式会社
所 在 地：名古屋市東区泉
設　　計：日建ハウジングシステム
施　　工：三井住友建設
敷地面積：2,478.29 ㎡
建築面積：　987.63 ㎡
延床面積：14,353.26 ㎡
構造規模：RC 造（免震構造）+22
工　　期：2018 年 2 月〜 2020 年 3 月
担　　当
意　　匠　北條隆幸、吉岡智子、前田賢一（以上 NHS）
構　　造　小崎 均、岡田賢一、三輪幸司（以上 NHS）
電気設備　下杉洋（NHS）
機械設備　山中 哲（現：NS）、野田 裕（NHS）
コ ス ト　西智裕（NHS）
ランドスケープ　石井玲子（NHS）
監　　理　杉本晶彦、児玉博之、野田 裕、下杉洋
　　　　　（以上 NHS）
Ｃ　　Ｒ　近藤光司（NHS）

P.94 ＪＰタワー名古屋
建 築 主：日本郵便株式会社、名工建設株式会社
所 在 地：名古屋市中村区名駅
Ｃ　　Ｍ：日建設計コンストラクション・マネジメント
設　　計：日本設計
監　　理：日本設計
施　　工：竹中工務店
敷地面積：12,177.50 ㎡
建築面積：　9,739.78 ㎡
延床面積：180,955.21 ㎡
構造規模：S・RC・SRC 造（制振構造）-3 +40
工　　期：2013 年 7 月〜 2015 年 11 月

Ｃ　　Ｍ　田中康範、野崎庸之、早崎敬一、藤井真人、
　　　　　熊本智子、沖廣富喜、小笠原勲、中村正人、
　　　　　角田正敏（以上 NCM）
Ｃ　　Ｒ　田中康範（NCM）

P.96 伊賀市庁舎
建 築 主：伊賀市
所 在 地：三重県伊賀市四十九町
施　　工：鴻池組・山一建設 JV
敷地面積：17,104.50 ㎡
建築面積：　3,902.54 ㎡
延床面積：14,288.72 ㎡
構造規模：S 造（免震構造）+5P1
工　　期：2017 年 3 月〜 2018 年 11 月
担　　当
意　　匠　葛原定次 *、塩田哲也、廣瀬文昭、近本直之、
　　　　　大西由希子
構　　造　二宮利治、平山 操、正田崇貴、早坂聡紘
電気設備　督 満、安井規祝、服部佳史
機械設備　飯塚 宏（現：NCM）、田中宏明、中島勝美、
　　　　　鈴木宏昌、大森啓充 *
インテリア　中野 健、日野智之 *（以上 NSD）
コ ス ト　片山孝志、村井一行、宮本一広（現：NCM）
土　　木　大友武臣、堀 泰三、小島玲子（以上 NSC）
監　　理　住 哲也、中島正樹、丸山拓也、棚野義貴
Ｃ　　Ｒ　川島弘義

P.100 瑞浪北中学校
建 築 主：瑞浪市
所 在 地：岐阜県瑞浪市土岐町
施　　工：岐建・中島工務店・青協建設 JV
敷地面積：16,132.26 ㎡
建築面積：　4,572.34 ㎡
延床面積：　8,090.07 ㎡
構造規模：RC・S・W 造 +3
工　　期：2017 年 7 月〜 2018 年 12 月
担　　当
意　　匠　小谷陽次郎、岡田宏介、鈴木豊一郎、村井健治、
　　　　　冨田里央
構　　造　二宮利治、吉原和宏、正田崇貴
電気設備　督 満、上野大輔、服部佳史
機械設備　田中宏明、飯塚 宏（現：NCM）、佐藤孝広、
　　　　　鈴木宏昌
コ ス ト　片山孝志、沢木卓朗、山内久高
土　　木　大友武臣、湯川竜馬、和田三佳（以上 NSC）
ランドスケープ　根本哲夫 *、長谷川一真 *
監　　理　住 哲也、並河比呂志、橋本幸治、棚野義貴
Ｃ　　Ｒ　澤井幸久 *、五十田昇平

P.104 日本ガイシ 瑞穂新事務棟
建 築 主：日本ガイシ株式会社
所 在 地：名古屋市瑞穂区須田町
Ｐ　　Ｍ：日建設計コンストラクション・マネジメント
施　　工：鹿島建設
敷地面積：56,602.72 ㎡
建築面積：25,628.97 ㎡
延床面積：11,961.16 ㎡
構造規模：S 造 +6P1
工　　期：2018 年 9 月〜 2020 年 10 月
担　　当
意　　匠　本田聡一郎、西村一斗也、佐竹一朗、宮本順平、
　　　　　千々岩豊
構　　造　吉澤幹夫 *、白沢吉衛、秦泉寺稔子 *、馬 天予、
　　　　　八田有輝
電気設備　向井文悟、中村佳明、明本 学

機械設備　田中宏昌、丹羽勝巳、牛尾智秋、松島孝幸、
　　　　　豊村幸毅
コ ス ト　島田太郎、山本俊彦
土 　 木　大友武臣、堀 泰三、小島玲子（以上 NSC）
ランドスケープ　橋上 司、小谷芙美子
監 　 理　砂田竜男、篠田量次、小阪淳也、佐野義治 *、
　　　　　林 大介
P 　 M　中井達也、毛利慈英（以上 NCM）
C 　 R　石川 仁

P.104　日本ガイシ 熱田厚生棟

建 築 主：日本ガイシ株式会社
所 在 地：名古屋市熱田区六野
P 　 M：日建設計コンストラクション・マネジメント
施 　 工：鹿島建設
敷地面積：71,537.11 ㎡
建築面積：2,286.11 ㎡
延床面積：4,483.59 ㎡
構造規模：S 造 　+2
工 　 期：2018 年 12 月〜 2019 年 9 月
担 　 当
意 　 匠　本田聡一郎、今井幸彦、山上直哉
構 　 造　二宮利治、平山 操
電気設備　澤村晋次、安井規祝
機械設備　田中宏明、酒井克彦
コ ス ト　片山孝志、山内久高、岡村幸広、村井一行
監 　 理　砂田竜男、篠田量次、松下雅樹、佐野義治 *、
　　　　　黒部弘也
P 　 M　中井達也、毛利慈英（以上 NCM）
C 　 R　石川 仁

P.106　岡崎市民会館

建 築 主：岡崎市
所 在 地：愛知県岡崎市六供町
共同設計・監理：日建設計コンストラクション・マネジメント
施 　 工：ホール棟／鴻池組・杉林建設 JV
　　　　　会議棟・リハーサル棟・外構／
　　　　　小原建設・大黒屋建設 JV
敷地面積：17,354.25 ㎡
建築面積：6,831.16 ㎡
延床面積：9,453.71 ㎡
構造規模：RC・S 造 　-2+6
工 　 期：2015 年 9 月〜 2016 年 8 月
担 　 当
意 　 匠　葛原定次 *、河辺伸浩、奥瀬陽子、大野一男 *
　　　　　（NCM）
構 　 造　二宮利治、平山 操、桑田志都子
電気設備　督 満、横井繁明、岸本拓也
機械設備　飯塚 宏（現：NCM）、田中宏明
コ ス ト　片山孝志、宮本一広（現：NCM）
土 　 木　大友武臣、堀 泰三（以上 NSC）
音 　 響　中川浩一
監 　 理　住 哲也、篠田量次、松下雅樹、小野茂樹、
　　　　　佐野義治 *
C 　 M　沖廣富喜（NCM）
C 　 R　市川国夫 *
音響協力　ヤマハ

P.108　ＪＲゲートタワー

建 築 主：東海旅客鉄道株式会社、
　　　　　ジェイアールセントラルビル株式会社
所 在 地：名古屋市中村区名駅
意匠設計：大成建設、ジェイアール東海コンサルタンツ
デザインアーキテクト：Kohn Pedersen Fox Associates PC
構造・設備設計：日建設計（統括）、大成建設
品質監理：日建設計

安全管理：ジェイアール東海コンサルタンツ
施 　 工：大成建設・鹿島建設 JV
敷地面積：約 11,700 ㎡
建築面積：約 10,500 ㎡
延床面積：約 260,000 ㎡
構造・規模：S 造・一部 SRC 造（制振構造）　-6+46
工 　 期：2012 年 12 月〜 2017 年 2 月
担 　 当
構 　 造　大野富男、二宮利治、宗宮由典、金子賢二
電気設備　督 満、安井規祝、黒田浩司、今村幸宏、加藤元紀
機械設備　渡辺健二、田中宏明、西山史記、長谷川巌
コ ス ト　山内久高、五十嵐寿夫 *、日比 昇
土 　 木　川満逸雄 *、上田靖彦、西山誠治（以上 NSC）
監 　 理　住 哲也、杉森建夫 *、桐山宏之 *、中島正樹、
　　　　　宮野理文、藤本拓也
情報通信　栄 千治、安斎 幹
C 　 R　三輪哲夫 *

P.110　みなとアクルス スマート・エネルギー・ネットワーク

建 築 主：東邦ガス株式会社
所 在 地：名古屋市港区港明
監 　 理：建屋／東邦ガス株式会社
施 　 工：エネルギーセンター／大林組
　　　　　エネルギーシステム／新菱冷熱工業 他
敷地面積：10,309.69 ㎡（エネルギーセンター）
建築面積： 1,648.69 ㎡（エネルギーセンター）
延床面積： 4,532.53 ㎡（エネルギーセンター）
構造規模：S・一部 SRC・RC 造 　+4P1
工 　 期：2015 年 8 月〜 2016 年 12 月
担 　 当
意 　 匠　小谷陽次郎、岡田宏介、近本直之、田中裕大
構 　 造　二宮利治、橋本幸治
電気設備　督 満、安井規祝、中澤和夫
機械設備　飯塚 宏（現：NCM）、田中宏明、宮崎 光
コ ス ト　片山孝志、山内久高
エネルギー・情報設備　栄 千治、田丸康貴
評価・分析　丹羽英治、小池万里（以上 NSRI）
C 　 R　渡辺健二
ショールーム内装　乃村工藝社

P.112　津市産業・スポーツセンター（サオリーナ、三重武道館）

建 築 主：津市
所 在 地：三重県津市北河路町
監 　 理：前野建築設計
施 　 工：清水建設・日本土建・東海土建 JV
敷地面積：61,423.66 ㎡
建築面積：17,161.53 ㎡
延床面積：20,470.83 ㎡
構造規模：RC・SRC・S 造（PCaPC 版）　+2
工 　 期：2015 年 4 月〜 2017 年 6 月
担 　 当
意 　 匠　渡辺豪秀 *、小谷陽次郎、岡田宏介、鳥海宏太 *、
　　　　　髙橋 渓 *、眞庭 綾、川嶋和男 *、奥瀬陽子
構 　 造　二宮利治、杉浦盛基、金子賢二
電気設備　督 満、横井繁明、服部史史、坂野 正、海宝幸一、
　　　　　篠原奈緒子、中尾理沙
機械設備　飯塚 宏（現：NCM）、田中宏明、宮崎 光、
　　　　　宮治友也 *
インテリア（サイン計画）　中野 健、日野智之 *、澤村昌実
　　　　　（以上 NSD）
コ ス ト　片山孝志、沢木卓朗、五十嵐寿夫 *
土 　 木　大友武臣、佐々木照雄 *（以上 NSC）
ランドスケープ　根本哲夫 *
C 　 R　川島弘義

P.116　岐阜県美術館 本館改修

建 築 主：岐阜県、岐阜県美術館
所 在 地：岐阜県岐阜市宇佐
施 　 工：大日本土木・TSUCHIYA JV
敷地面積：27,434.46 ㎡
建築面積： 7,813.29 ㎡
延床面積： 8,785.86 ㎡
構造規模：RC・一部 SRC・S 造 　-1+2
工 　 期：2018 年 10 月〜 2019 年 10 月
担 　 当
意 　 匠　葛原定次 *、橘高宗平、河辺伸浩、墨 英757
構 　 造　二宮利治、金子賢二
電気設備　澤村晋次、督 満、坂野 正
機械設備　田中宏明、酒井克彦、田端康宏
コ ス ト　片山孝志、沢木卓朗、岡村幸広
監 　 理　砂田竜男、橋本幸治、河村宣生 *
C 　 R　五十田昇平
アドバイザー　佐藤義信（KUU・KAN 設計室）
照明デザイン　灯デザイン
家具デザイン　+Wow design associates

担当の ＊ 印は元所員を示す
略称は以下を示す
NSC：日建設計シビル
NSD：日建スペースデザイン
NCM：日建設計コンストラクション・マネジメント
HNS：北海道日建設計
NHS：日建ハウジングシステム
NS ：日建設計
NSRI：日建設計総合研究所

写真撮影者・提供者・作画者一覧 (五十音順)

axona AICHI／112-2、113-3、114-1
エスエス／4・5、14・15、17-2・3、30〜33、44・45、52・53、68・69、80-1、81-2〜4、82-2、84・85、88-1、
　　　　90-2、94・95、96・97、104・105、107-3、116-1、117-4
岡崎市／106-1
鹿取デザイン考房／119左下
近代建築社／100-1
車田 保／74-1、75、102、103-5
Kenta Hasegawa／58
サタケ 佐武浩一／78・79
篠澤建築写真事務所／54・55（上段）
志摩大輔 (ad hoc)／65-2〜4
清水建設／18-1・2、19-5、119右上
写真通信／28・29
鈴木研一／121右下
鈴木文人写真事務所／24・25、26-1、27、34・35、36、37-3・4、38・39、40・41、66・67、70〜73、86・87、90-1・3、91
CENTER PHOTO JAPAN／110-2、112-1、114-2、115
滝田フォトアトリエ／46・47、116-2・3
デンソー／63-3
東海旅客鉄道／108・109
陶額堂／50-2
中居翔平／56-2
ナカサアンドパートナーズ／50-1、51-4、88-2・3、89
野口兼史 (K's Photo Works)／92・93
フォトニーナ／48・49
フォワードストローク／10-1、12・13、62-1、64-1
藤本一貴／56-1、59
プライズ（山崎浩治）／50-3、54・55（下段）
YAMAGIWA／82-1・83

※表記：掲載ページと写真レイアウト番号

編集委員
村井達也、山口智三、山上直哉、廣西航多、向後美穂、杉山真代
渡邉和明、浅井千恵、酒井絵美、伊藤裕加、杉本千代

建築ジャーナル　別冊
NIKKEN SEKKEI & Group Companies
Nagoya 2016-2021
2022年2月14日第一版第一刷発行

編集・発行　企業組合　建築ジャーナル
　　　　　　東京都千代田区岩本町3-2-1
　　　　　　TEL　03-3861-8101
印刷・製本　株式会社　明祥

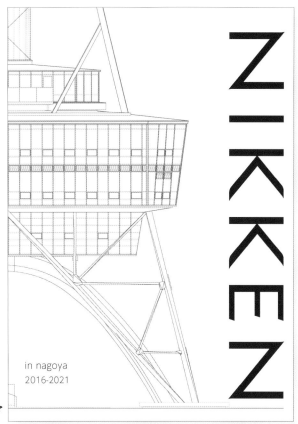

in nagoya
2016-2021

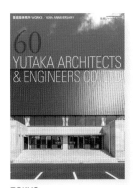

TOKYO
豊建築事務所 WORKS
60th ANNIVERSARY
豊建築事務所 著　定価:本体1600円+税
ISBN978-4-86035-757-3
C0052　¥1600E

YOKOHAMA
アーキテクト・アソシエイツ・ヨコハマ
創立30周年特集
アーキテクト・アソシエイツ・ヨコハマ 著
定価:本体1200円+税
ISBN978-4-86035-758-0
C0052　¥1200E

NAGOYA
NIKKEN SEKKEI &
Group Companies Nagoya 2016-2021
日建設計・名古屋オフィス 著　定価:本体2,400円+税
ISBN978-4-86035-759-7　C0052　¥2400E

NAGOYA
NIKKEN SEKKEI
& Group Companies Nagoya
2011-2015
日建設計・名古屋オフィス 著
定価:本体2,400円+税
ISBN978-4-86035-752-8
C0052　¥2400E

TOKYO
プラスPM 創業30周年記念特集
建設費高騰の時代
経営者の目線で
建設プロジェクトを推進する
プラスPM 著　定価:本体1,112円+税
ISBN978-4-86035-754-2
C0052　¥1112E

TOKYO
NOZAWA
MAKOTO+GETT
collaboration
NOZAWA MAKOTO+GETT著
定価:1,297円+税
ISBN978-4-86035-755-9
C0052　¥1297E

NARA
桝谷設計60周年
SINCE1960-2020
桝谷設計 著
定価:本体2,000円+税
ISBN978-4-86035-756-6
C0052　¥2000E

■■購入申込み
下欄にご記入のうえFAXしていただくか、下記のホームページからお申し込みください。
商品到着後、請求書は別途郵送致します。

名前(ふりがな) *法人の場合はご担当者様もご明記ください　　　　住所　〒

書名　　　　　　　　　　　　　　　　　　　　冊　tel.　　　　　　　　　fax.

[企業組合] 建築ジャーナル　〒101-0032　Tel.03-3861-8104
東京都千代田区岩本町3-2-1共同ビル4F　fax.03-3861-8205 または http://www.kj-web.or.jp

電気設備・給排水設備・冷暖房設備・設計施工

株式会社 小野電気商會

代表取締役　小野　倉可

本　社／〒503-0321　岐阜県海津市平田町今尾1826-1
　　　　TEL 0584-66-2373　FAX 0584-66-3927
　　　　E-mail　ono-2373@he.mirai.ne.jp

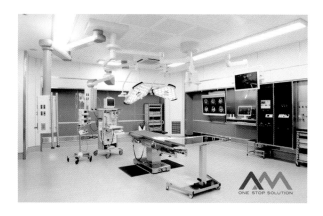

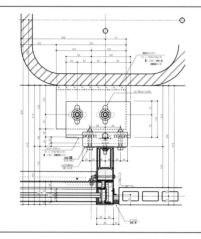

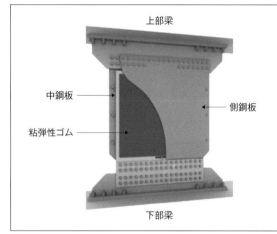
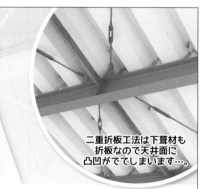

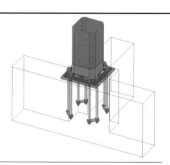

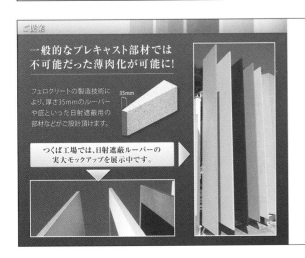

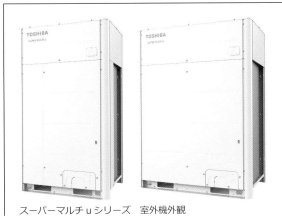
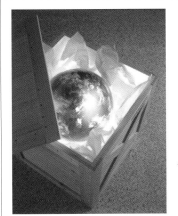

広告目次